GRAFO-NEURO-PSICO-PATOLOGÍAS

Lic. Ricardo A. Fernández

GRAFO-NEURO-PSICO-PATOLOGÍAS

Fernández, Ricardo
   Grafo-neuro-psico-patologías. - 2a ed. - Ciudad Autónoma de Buenos Aires :
Bonum, 2017.

   224 p. ; 23x16 cm.

   1. Grafología. 2. Psicología.
   CDD 155.282

Corrección: Pablo Valle
Diseño de interior: Cecilia Ricci
Diseño de cubierta: Paula Álvarez
Imagen de cubierta: Florencia Barbieri

© Editorial Bonum, 2017

Av. Corrientes 6687 (C1427BPE)
Buenos Aires - Argentina
Tel./Fax: (5411) 4554-1414
ventas@editorialbonum.com.ar
www.editorialbonum.com.ar

Impreso en Argentina
Es industria argentina

Dedicatoria

En memoria de mi compañera de trabajo y amiga, Graciela Tomati, con quien compartimos cerca de 20 años en el campo de la grafología.

Esta vez, no me pude sentar con ella en la computadora para armar este libro, pero sus enseñanzas, ideas, aportes, lecturas, valores están presentes en su espíritu.

Agradecimientos

Agradezco la colaboración prestada para este trabajo a:

• Andrea Campitelli: compañera de la cátedra de Grafopatología de la Universidad de Buenos Aires, quien leyó los borradores y aportó ideas para mayor claridad en algunos conceptos.

• Mónica Clementoni: directora del instituto MAC, que, con su lectura, permitió incluir datos que enriquecieron el trabajo.

• Raúl Garcia Rios: director de ICEA, quien tuvo la amabilidad de escribir el Prólogo.

• Florencia Barbieri: aportó su creatividad en el diseño de la tapa y en el capítulo Neuro, en las figuras 1, 2, 3, 4 (e-mail: flor.barbierilaporte@hotmail.com).

• Luis Sesto: alumno, por su permanente aporte de casos.

ÍNDICE

PSICO

PATOLOGÍAS

GRAFOLOGÍA Y CREATIVIDAD

PRÓLOGO

Es un honor para mí prologar esta nueva y necesaria obra del licenciado Ricardo Fernández, la que constituye un gran aporte a la ciencia grafológica.

Si bien ha compilado y ordenado distintos autores, también ha contribuido con su experiencia, y un sostenido trabajo, a detectar características grafológicas en los diversos campos de la psicopatología.

Su impecable didáctica y sus abundantes ejemplos, ya observados en sus obras anteriores, van orientando con claridad al lector para que pueda ofrecer un diagnóstico preciso.

Logra profundizar, con su solida formación en el campo de la psicología, indicadores y relacionantes, aplicándolos a la grafología, área en la cual sus investigaciones y sus conclusiones se dan a la luz con rigurosidad científica.

También es bienvenido el abordaje a la creatividad a través de los distintos géneros grafológicos.

Podemos afirmar que la excelencia profesional, y el apasionamiento en todo lo que emprende el licenciado Fernández, se ven plasmados en esta obra, que abre un nuevo espacio de reflexión, potenciando la vitalidad de esta apasionante técnica.

Profesor Raúl García Ríos
Perito grafólogo superior
Director de ICEA

INTRODUCCIÓN

Este libro está dirigido a todas aquellas personas que, desde el campo de las ciencias humanas y sociales, encuentran en la grafología una herramienta de trabajo.

El campo de la grafopatología es una especialidad dentro de esta ciencia; es un área muy vasta, hay mucho por investigar y trabajar en ella.

No abunda en este campo el material publicado; destaco los textos de:

- Juan Allende (*Grafopatologías,* ed. Lasra).
- Mauricio Xandró (*Grafopatología,* ed. Nuevos Trazos).
- Claudio Silva Hernández *(Neuro Grafología,* ed. Lasra).
- Pedro Foglia (*Signos de enfermedad en la escritura,* ed. Puma).

Resalto también los innumerables trabajos de María del Carmen Doyharzabal, sus aportes en apuntes, congresos, seminarios, clases, etc.

Destaco al licenciado Luis Kirschbaum, con quien tuve el honor de haberme formado y luego trabajado.

De ellos, entre otros, he aprendido, me he nutrido y enriquecido.

Este libro pretende unir y ordenar el trabajo hecho por ellos, con estudios y experiencias personales, para que pueda ser de utilidad para otros colegas que deseen seguir investigando y enriqueciendo esta especialidad.

Parto de pensar al ser humano como integración *biopsicosocial*; por ello, este libro contiene diferentes divisiones:

- *Grafo:* y su método de investigación de la personalidad.

- *Neuro:* no se puede obviar que movemos la mano porque es el cerebro el que lo decide.

- *Psico:* escribimos de acuerdo con nuestras características de personalidad. Por ello, diferentes teorías psicológicas nos sirven de base para entender la conducta.

- *Patologías:* lo escrito permite diagnosticar estructuras de personalidad, que son las que se abordarán para su estudio.

Este capítulo (patologías) se estudia con este esquema:

- Se toman diferentes *ejes* (neurosis, estructuras narcisistas, psicosis, trastornos del estado de ánimo, trastornos neurológicos); cada uno de ellos abarca diferentes tipos de personalidad.

- Se da una definición de cada cuadro presentado, con algunas generalidades sobre él.

- Una breve descripción de las características de personalidad que cada una de ellas presenta, dividiéndolas en las áreas: intelectual, afectiva y social (áreas trabajadas junto con Graciela Tomati en los libros *La grafología como técnica proyectiva gráfica* y *Grafología: a la conducta por la letra y el dibujo*, ambos de editorial Bonum).

- Los rasgos gráficos que ellas suelen presentar, en cada uno de los géneros grafológicos.

- Ejemplos de casos que representan a cada una de esas estructuras.

El libro finaliza con un capítulo final sobre grafología y creatividad, para salir de las patologías y rescatar los aspectos sanos de la persona.

GRAFO

DEFINICIONES DEL TÉRMINO "GRAFOLOGÍA"

Según la etimología, esta palabra está formada por los vocablos griegos:

Grafos: escribir, dibujar, pintar.
Logos: tratado, estudio de.

Entonces, la grafología estudia la personalidad a través de sus manifestaciones gráficas (garabatos, dibujos, escritura).

Es una combinación de estructuras físicas, de características psíquicas y de aprendizajes (biopsicosocial).

A través de la escritura, podemos ver reflejado el estado de sistema nervioso, así, como las partes conscientes e inconscientes del psiquismo.

Estudia una conducta que se registra mientras se realiza. Tiene la ventaja de poder observar esa conducta con el transcurso del tiempo.

Se puede trabajar con la escritura actual, pero también se pueden pedir muestras de escritos anteriores. Este es el reflejo de otras etapas de la vida de la persona; se pueden comparar y, de esa manera, ver el grado de evolución-involución que ha tenido con el transcurso del tiempo.

Según Moreti, "el grafólogo es el especialista del lenguaje más profundo, al poder analizar la forma, el diseño, el movimiento de la mano depositado sobre el papel".

Freud sostuvo que "ningún ser humano puede conservar un secreto. Si los labios no se mueven, moveremos la punta de los dedos y el mensaje saldrá por cada poro".

La grafología es una excelente técnica proyectiva gráfica que, por medio de medidas rigurosas, en forma metódica, analiza y clasifica los rasgos gráficos, con el fin de describir las características psicológicas de personalidad.

MÉTODO DE TRABAJO

Para su análisis, se basa en el estudio de los géneros grafológicos que describieran C. Jamín y sus seguidores:

GÉNEROS GRAFOLÓGICOS

Orden

Definición grafológica

Es el estudio de la distribución, la disposición y la proporción que presenta el escrito.

Significación psicológica

Orden, organización, planificación mental y capacidad para la adaptación social.

Dimensión

Definición grafológica

Es el tamaño de la escritura, de acuerdo con su altura y su anchura.

Significación psicológica

Autoestima e impulso vital.

Forma

Definición grafológica

Es el dibujo realizado para la construcción de las letras. Puede predominar en éstas: las curvas, los ángulos o las rectas.

Significación psicológica

Nivel de cultura. Modo de mostrarse ante el mundo. Expresa el sentimiento, el manejo de las emociones y el grado de sensibilidad.

Velocidad

Definición grafológica

La rapidez o la lentitud con que se realizan los movimientos gráficos.

Significación psicológica

Rapidez mental, actividad, temperamento.

Dirección

Definición grafológica

La trayectoria que siguen las líneas del renglón. Se ve si son paralelas o no a los bordes superior o inferior de la hoja.

Significación psicológica

Estabilidad emocional; la fuerza que posee el sujeto para luchar contra los obstáculos del medio y el nivel de ambiciones.

Inclinación

Definición grafológica

Desviación de la escritura del eje vertical. Puede dirigirse hacía la izquierda o hacia la derecha.

Significación psicológica

Aptitudes para el contacto humano. Grado de introversión-extraversión. Necesidad de comunicación con los otros.

Presión

Definición grafológica

La fuerza del grafismo según la tensión, la profundidad, el peso y el relieve de sus rasgos.

Significación psicológica

Nivel de energía libidinal y salud psicofísica.

Continuidad

Definición grafológica

Estudio de la cohesión, la regularidad y la variabilidad que presenta el grafismo.

Significación psicológica

Constancia y perseverancia en las acciones, los vínculos y los proyectos.

Debemos agregar el estudio de los gestos gráficos, las letras reflejas y la firma como portadora de identidad.

Este estudio permite llegar a conocer en profundidad la *personalidad* del escribiente.

¿Qué es la personalidad?

Es la manera de ser de cada uno.

¿Cómo está conformada la personalidad?

Por la *constitución* (lo hereditario y lo congénito) y el *temperamento* (características innatas que constituyen su forma habitual de reacción).

El *carácter* (la forma de actuar de cada uno) es producto de la educación, las experiencias infantiles y de otros factores formativos (como lo ambiental).

¿Cómo se expresa la personalidad?

A través de las conductas.

¿Qué son las conductas?

Son los comportamientos observables (como *escribir*, caminar, hablar, etc.) tanto como los no observables, las vivencias internas de una persona (sufrir, recordar, etc).

¿Cómo se manifiestan las conductas?

En las áreas antes mencionadas:

Intelectual: son todas aquellas manifestaciones denominadas fenómenos mentales (análisis, atención, concentración, creatividad, orden, desorden, imaginación, fantasía, inteligencia, intuición, memoria, organización, originalidad, planificación, síntesis, etc.).

Afectiva: la afectividad es la base de nuestra vida psíquica. Es nuestro modo de reacción más profundo a los acontecimientos internos y externos, independientemente de la razón (constancia, decisión, iniciativa, actividad, agresividad, ansiedad, angustia, audacia, autocontrol, autoestima, confianza, egocentrismo, narcisismo, libido, flexibilidad, honestidad, humildad, estabilidad, madurez, inmadurez, seguridad, inseguridad, rigidez, rendimiento, sentimiento, sensibilidad, sexualidad, timidez, fortaleza yoica, debilidad yoica, etc.).

Social: la persona se realiza por medio de los vínculos que establece con los otros, quienes le permiten la conformación de su identidad. El conjunto de los vínculos sociales es lo que define la personalidad (adaptación, sociabilidad, colaboración, competitividad, comunicación, cortesía, crítica, dependencia, independencia, diplomacia, empatía, extraversión, generosidad, liderazgo, dotes de mando, relación de profundidad, sumisión, etc.).

DEFINICIONES DE GRAFOPATOLOGÍA

Una rama dentro del campo de la grafología es la *grafopatología*.

• Es el estudio de las alteraciones producidas en los escritos por los estados biopsicosociales.

Las anormalidades patológicas alteran alguno o varios de los géneros grafológicos (orden, dimensión, forma, velocidad, dirección, inclinación, etc.).

Su aplicación posibilita seguir el curso de una enfermedad psíquica o física y/o evaluar los progresos o no en el tratamiento aplicado.

• Es la rama de la grafología que nos permite buscar los datos que nos llevan a la relación entre las alteraciones gráficas y las perturbaciones psíquicas, biológicas o sociales.

• Cuando el trazo se altera y el movimiento escritural se entorpece, estamos frente a un alerta de que puede haber una perturbación cuyas causas sean orgánicas, psíquicas o sociales.

La grafopatología es un instrumento valioso que permite: obtener información en poco tiempo; adelantarse en observar rasgos de posibles perturbaciones no declaradas; orientar hacia estudios más precisos con relación a las estas; intentar apurar el diagnóstico.

Se puede conocer la evolución del enfermo y la respuesta al tratamiento de una manera sencilla, con sólo comparar escrituras de esa persona, antes y después del procedimiento iniciado.

ALTERACIONES EN LA ESCRITURA

El *trazo* es una de las principales fuentes de información. Debemos interpretarlo en función con la zona correspondiente, en donde se produce una alteración.

La misión del grafólogo no es diagnosticar enfermedades sino, en todo caso, aconsejar revisiones médicas para prevenirlas.

Rasgos gráficos que denotan patologías

Torsiones

Definición grafológica: irregularidad o luxación en el recorrido de una letra o parte de esta. Se observa con mayor claridad en las zonas superior e inferior de la escritura.

Significación psicológica: alteraciones cardiovasculares, respiratorias o digestivas (estómago, hígado, intestinos); problemas renales; deformación de la columna; epilepsia; disfunciones glandulares, en los órganos genitales, aparato-locomotores; histeria; inseguridad, baja autoestima.

Temblores

Definición grafológica: movimiento con vaivén del trazo que altera el recorrido normal de la escritura. Es como si escribiera bamboleándose. Se ve como si hiciera pequeños angulitos. Impide realizar, de un solo impulso, los movimientos de flexión y/o de extensión.

Temblor vertical: las oscilaciones son paralelas al eje vertical de la escritura.

Puede ser indicio de: intoxicaciones producidas por el tabaco, la droga, etc. Principalmente se dan en alcohólicos, en el momento de la intoxicación o por síndrome de abstinencia. Si el temblor está principalmente en los plenos (movimientos descendentes), nos manifiesta alguna alteración de tipo neurológico.

Temblor horizontal: las oscilaciones son perpendiculares al trazo vertical del escrito.

Puede ser indicio de: enfermedad de Parkinson.

Temblor mixto: oscilaciones en ambas direcciones.

Puede ser indicio de: problemas neurológicos avanzados.

Brisados

Etimológicamente, del francés *brisé*: roto, partido, cortado, fragmentado.

Definición grafológica: el trazo pierde energía, se interrumpe en parte de su recorrido. El bolígrafo pasa por encima del papel sin señalar una determinada parte de las letras. Parece que deja de salir la tinta.

Significación psicológica: alteraciones cardiovasculares o respiratorias (asmáticos); obesidad; embarazo.

Congestiones-pastosidades

Definición grafológica: los óvalos o bucles de las letras de la zona media (congestiones), y las hampas y las jambas (pastosidades) aparecen llenas de tinta.

Significación psicológica: estrés, fatiga excesiva; conflictos afectivos-represión; alteraciones cardiovasculares o respiratorias; cuadros de intoxicación (alcoholismo); diabetes; arteriosclerosis.

Fragmentaciones

Definición grafológica: letras cuya estructura aparece dividida en partes independientes, en fragmentos (cuando caligráficamente deberían estar unidas). Por ejemplo: "m" minúscula en tres trazos; "d" con óvalo separado del hampa;

"g" con jamba trazada sin enlazar el óvalo; "p" con bucle separado del palote; "a" con apéndice final separado del óvalo.

Significación psicológica: alteraciones cardiovasculares o respiratorias (asma); esquizofrenia; disociación entre sentimiento, pensamiento y acción.

NEURO

Hoy no se puede desconocer la relación entre cerebro y escritura. Escribimos porque nuestro cerebro trabaja intensamente para que lo logremos. Envía la información a través de los centros nerviosos a la mano, para que esta pueda generar los rasgos gráficos. Cualquier alteración de ese circuito se verá reflejada en la escritura.

También, la correcta armonía del escrito es una muestra del buen funcionamiento del sistema nervioso.

Tampoco desconocemos hoy que las emociones, que muchas veces alteran nuestra escritura (como nos enseña la grafología emocional), tienen un registro cerebral, que se encuentra en el sistema límbico.

Por lo tanto, nada de lo que pase con la escritura es ajeno al funcionamiento del sistema nervioso.

Voy a hacer una breve descripción del sistema nervioso, con datos tomados de apuntes de clase y del excelente libro de Alicia Risueño *Neuropsicología. Cerebro, psiquismo y cognición* (ed. ECUA).

También destaco los libros *Neuro Grafología*, de Claudio Silva Hernández (ed. Lasra), y *Signos de enfermedad en la escritura*, de Pedro Foglia (ed. Puma), que me han aportado muchos datos.

Sistema nervioso

El SN es una red interna, electroquímica, de comunicación, que genera energía nerviosa.

Está formado por una serie de "órganos" que nos permiten relacionarnos con el medio ambiente y regular las funciones del cuerpo para mantener el equilibrio del organismo.

División funcional

Desde el punto de vista *funcional*, se divide en:

- Sistema Nervioso Cerebro-espinal (SNC)

Es el encargado de la vida de relación (se desarrolla luego, en el apartado sobre cerebro).

- Sistema Nervioso vegetativo o Autónomo (SNA) o de la vida vegetativa

Es el encargado de la regulación del medio interno (visceral, urinario, glandular, cardíaco, etc.).

División anatómica

Desde el punto de vista *anatómico*, se divide en:

- Sistema Nervioso Central (SNC)

Cerebro, médula espinal, etc.

- Sistema Nervioso Periférico (SNP)

Está situado por fuera del estuche del cráneo y la columna vertebral. El SNP, o de la vida de relación, se realiza por la fonación, la locomoción y los sentidos.

En él se encuentra los *nervios raquídeos sensitivos*, que llevan los mensajes al cerebro desde ojos, oídos, piel, órganos sensoriales en general, y los *nervios motores,* que transmiten señales a los músculos, haciendo que el cuerpo se mueva.

El SNP en el SNC controla los movimientos musculares voluntarios. Se originan allí los nervios periféricos que conectan el SNC con músculos, piel, huesos, etc.

El SNP que corresponde al SNA incluye todos los nervios motores involuntarios, y sus nervios se dirigen exclusivamente a las vísceras; por lo tanto, su función es vegetativa. Todo el funcionamiento vegetativo es controlado por el SNA (respiración, ritmo cardíaco, etc.).

Sistema nervioso central

Compuesto por:

• *Encéfalo*
Sus partes son:

- *Cerebro:* órgano mayor de todo el SNC y centro de control para todo el cuerpo, tanto de actividades voluntarias como involuntarias.

- *Cerebelo:* está debajo del cerebro, en la parte posterior del hueso occipital. Coordina los movimientos, mantiene el equilibrio (por ejemplo: oído). Aprendizaje motor.

- *Tronco encefálico:* procesa información sensorial y motora de la piel y los músculos de la cabeza. Regula el nivel de alerta del organismo.

Está compuesto por:

Bulbo raquídeo: continúa la médula. Órgano de conducción. Se localizan en él centros de la vida de relación y de la vida vegetativa. Conductor de sensibilidad y de motricidad. Coordina funciones respiratorias, cardíacas, vasomotoras, de deglución y digestión.

Protuberancia: se une a la base del bulbo. Conduce el impulso nervioso motor y el impulso nervioso sensitivo que va al cerebro y al cerebelo. Transmite información sobre los movimientos de los hemisferios cerebrales al cerebelo. Equilibrio emoción-locomoción.

Pedúnculos cerebrales: nexo entre protuberancia y cerebro. Conducen impulsos sensitivos y motores. Coordinan movimientos de masticación y movimientos del cuerpo.

Pedúnculos cerebelosos: unen el cerebro y la protuberancia. Tienen funciones de conducción, movilidad y equilibrio.

- *Cerebro medio:* controla las funciones sensoriales y motoras. Movimientos oculares. Coordinación de reflejos visuales y auditivos.

- *Diencéfalo:* compuesto por dos estructuras:

Tálamo: procesa gran parte de la información que llega a la corteza.

Hipotálamo: controla la homeostasis del organismo, así como la expresión periférica de las emociones.

Se encuentra contenido por el *cráneo*.

• *Médula espinal*

Está contenida por el *raquis*.

Extensión descendente del cerebro. Conduce los impulsos nerviosos sensitivos que llegan desde los receptores hasta los centros nerviosos.

Controla los movimientos de las extremidades y el tronco. Recibe y procesa información sensorial de la piel, las articulaciones, los músculos y el tronco.

El cerebro

(Ver figuras 1 y 2.)

Partes del cerebro

• *Corteza cerebral*

Cubre la superficie cerebral (es la parte externa de los hemisferios). Recubre completamente cada hemisferio y proporciona las conexiones que permiten los procesos intelectuales.

Es la *capa pensante* del cerebro. Forma sistemas de memoria, adquiere el lenguaje, analiza la información, toma decisiones, examina lo que sentimos, coordina los procesos psicológicos, etc.

Está compuesta por sustancia gris y —se estima— que está integrado por alrededor de 10.000 millones de neuronas. La corteza consta de 6 capas.

Las divisiones anatómicas de la corteza reconocen dos hemisferios unidos por el cuerpo calloso.

Localizaciones externas de la corteza:

Allí se encuentran los:

- *Centros motores* (lenguaje, escritura).

- *Centro sensitivos* (visión, audición, olfato, gusto).

Localizaciones internas de la corteza:

Allí nos encontramos con el:

Sistema límbico: parte emocional, alojada profundamente dentro de los hemisferios cerebrales. Regula las emociones y los impulsos. Las emociones están a cargo del hemisferio derecho.

En él se encuentran:

- *Hipocampo:* en el lóbulo temporal. Se produce allí el aprendizaje emocional, y se almacenan recuerdos emocionales. Confronta las situaciones presentes con experiencias anteriores.

- *Amígdala:* realiza una compleja acción sobre la conducta y el aprendizaje. Interviene en la conducta sexual y alimentaria.

• *Hemisferios*

Son dos:

- *Hemisferio derecho:* en él se ubican las emociones. Estas se regulan en alguna parte del lóbulo temporal, el hipotálamo, el sistema límbico, y en algunos sectores del hemisferio derecho.

- *Hemisferio izquierdo:* lógica y razonamiento. Es matemático, verbal, estable y capaz de trabajar con estímulos en forma secuencial.

Los procesos mentales están representados en ciertas zonas del cerebro. Todo proceso mental puede subdividirse en operaciones más elementales de procesamiento de información.

• *Cuerpo calloso*

Une ambos hemisferios. Permite el pase de información de un hemisferio a otro.

Cada uno de los hemisferios está especializado para realizar tareas diferentes, pero en realidad están en comunicación e interacción permanentes. Esto, debido a la presencia del *cuerpo calloso*.

• *Lóbulos*

Los lóbulos son 4 (en cada uno de los hemisferios), y cada uno cumple funciones específicas.

Las cisuras de Silvio y de Rolando son los límites utilizados para dividir los hemisferios cerebrales en lóbulos.

- *Lóbulo frontal:* parte anterior. Planifica acciones, crea y organiza la secuencia de ideas. Elabora pensamientos, anticipa y planifica nuestras respuestas *(allí se produce el movimiento de la escritura)*.

- *Lóbulo parietal:* a derecha e izquierda de la línea media del cráneo. Centro de recepción de información somato-sensitiva. Funciones sensoriales. Sensibilidad.

- *Lóbulo temporal:* detrás del oído. Memoria a largo plazo. Centro de audición, comprensión del lenguaje y aprendizaje. Las palabras habladas.

- *Lóbulo occipital:* centro de visión. Parte posterior de la cabeza. Área visual.

Funcionamiento cerebral

El cerebro está formado por células; las más importantes son las *neuronas*.

La información que envía el cerebro a los diferentes órganos, para que cumplan su función, la trasladan las neuronas.

Se activan eléctrica y químicamente, haciendo que pensemos. Las conexiones que realizan activan el aprendizaje, la memoria, la conciencia y la inteligencia.

La transmisión del impulso nervioso de una neurona a otra se realiza gracias a los *neurotransmisores*.

Estos son sustancias químicas del grupo de las proteínas. Se conocen 60, pero se cree que hay muchos más.

Ejemplos:

- *Adrenalina:* lucha, huida del peligro, estrés, creación.
- *Dopamina:* controla el movimiento físico; inhibitoria.
- *Serotonina:* sensación de bienestar (falta en las depresiones).

Hoy no podemos desconocer la influencia de lo neurológico en la construcción de la personalidad, lo que se va a sumar a la crianza recibida por la familia (con la impronta que deja en el aparato psíquico); así como también debemos tener en cuenta la influencia del medio social en el que se nace y se forma.

Cuando estudiamos la relación madre-hijo en la formación de la personalidad (complejo de Edipo, etc.), vemos cuánto condiciona esto la conducta posterior.

Ahora bien, debemos ver que ese vínculo constituye una "relación afectiva" que se va construyendo y se va registrando en el sistema límbico (amigdala- hipocampo, etc.) a lo largo de la vida, así como también quedarán registradas las sucesivas integraciones emocionales de las que el sujeto participe (abuelos, amigos, etc.).

De allí que, en función de lo aprendido y lo registrado por el cerebro, será la forma de relacionarse que tendrá el sujeto en futuras conductas, que tengan que ver con la manifestación de los afectos.

Lo mismo puede entenderse respecto del desarrollo intelectual (inteligencia, memoria, atención, etc.). Será grabada la información adquirida por el cerebro, de acuerdo con la estimulación recibida. Esto posibilitara las mayores o menores conexiones sinápticas que realice, ante los estímulos que deba resolver.

El vínculo madre-hijo, la resolución edípica, el afecto recibido, los límites impuestos, los permisos dados, las decisiones tomadas, el predominio del ello, del yo o del superyó, etc., quedan registrados a nivel cerebral como aprendizaje.

Luego, al tener que producir una conducta, el cerebro recurre al archivo de memoria registrado y reproduce lo guardado, que es lo que está grabado, y actúa de manera *madura* o *inmadura* según lo registrado y aprendido.

Si queremos funcionar de otra manera, es importante poder incorporar en el cerebro nueva información (por ejemplo, a través de un proceso terapéutico), que enseñe nuevas formas de vinculación o de resolución de conflictos.

Esto hará que se amplié la información adquirida, y se envíe, en el momento de actuar, nueva información, porque se pudo generar mayores conexiones sinápticas y así se agrandó el "horizonte".

Si se repiten patrones de una conducta patológica, es porque no se incorporó nueva información, y se funciona con lo que se conoce y se tiene registrado.

Si se cambian los patrones de funcionamiento, es porque la nueva información se incorporó y se envío través de las neuronas, lo que modifica la información química que enviaron los neurotransmisores.

Por ello, no podemos dejar de lado el desarrollo cerebral, para poder entender la conducta y la personalidad como un todo integrado, de lo cual la escritura es una consecuencia.

Relación cerebro-escritura

Tomo como referencia los aportes de Max Pulver (grafólogo y psicólogo suizo) y su teoría del simbolismo espacial.

Recuerdo el esquema esbozado por Pedro Foglia (grafólogo argentino) de la relación entre la letra "f" minúscula y las distintas zonas corporales (ver figura 3).

La *zona superior* de la "f" está ligada psicológicamente a la actividad intelectual, fantasía, imaginación, intereses espirituales, idealismo, creatividad, grado de ambición, ideal del yo, la autoimagen, el grado de atención y la energía volitiva. La podemos relacionar con el cuerpo en la zona de cabeza, cuello, hombros.

La *zona media* de la "f" es la representación del yo, de los afectos, el presente, la realidad, las realizaciones prácticas. En su relación con el cuerpo: corazón, estómago, pulmones.

La *zona inferior* de la "f" está relacionada con las necesidades pulsionales, biológicas y corporales, los bienes materiales, el principio del placer. En el cuerpo: órganos sexuales, piernas, pies.

A su vez, Claudio Silva Hernández (grafólogo chileno), en su libro *Neurografología*, nos aporta la ubicación de esa "f" en relación con el cerebro (ver figura 4).

Zona superior: parte ocupada por la corteza cerebral (capa pensante, Intelectual).

Zona media: área del sistema límbico (emocional, afectivo).

Zona inferior: contacto con médula espinal (área motriz, de acción).

"Del hemisferio izquierdo proceden los elementos de carácter verbal y del derecho los de carácter espacial y una visión global y semántica de la palabra escrita.

Considerando este complejo proceso neurológico, resultaría imposible que el gesto gráfico no recibiera la influencia de la función cerebral. Por ello la grafología es un reflejo del funcionamiento de ese cerebro".

Y agrega:

"*El acto de escribir es una combinación de lo físico* (función cerebral, movimientos de brazo, manos, etc.), *de lo psíquico* (concentración, atención, inteligencia, seguridad, inseguridad, decisión, indecisión, etc.), y *de aprendizajes* (aprender la forma de las letras, etc.)".

Escribir es una expresión del cerebro sobre un papel.

Todos los signos gráficos de una persona varían en diferentes momentos, porque los procesos neurológicos no son estáticos. Estos se modifican y cambian la escritura.

"La función de escribir es producto de la neocorteza cerebral, y su aprendizaje se logra una vez que el proceso de maduración neurológica se ha logrado, y se ha desarrollado la motricidad fina.

La mano coordina la acción, el cerebro coordina el pensamiento y genera ideas. La mano es el órgano ejecutor que cumple órdenes precisas de un proceso neuropsicológico.

Por lo tanto, el acto de escribir no está ajeno al funcionamiento cerebral, mental, emocional, social de la persona.

(…)

La unidad básica escritural es el trazo, y para poder construirlo debemos tener un cerebro, un sistema nervioso central y una coordinación adecuada que permita el funcionamiento neuromotor en forma eficiente.

En este proceso, priman los circuitos neuronales y los procesos sinápticos.

(…)

Es imposible que el mensaje que hace el recorrido para transformarse en un trazo no se vea influenciado y contaminado con todos los fenómenos neuronales, que condicionan la personalidad, el carácter y el funcionamiento completo del cuerpo.

(…)

Es indudable que el cerebro es el que trabaja para que se genere la escritura. Del funcionamiento del mismo y de las características de personalidad depende el tipo de escritura que cada uno realiza. Por ende, de toda esta interrelación podemos acuñar el término NEUROPSICOGRAFOLOGÍA".

FIGURA 1

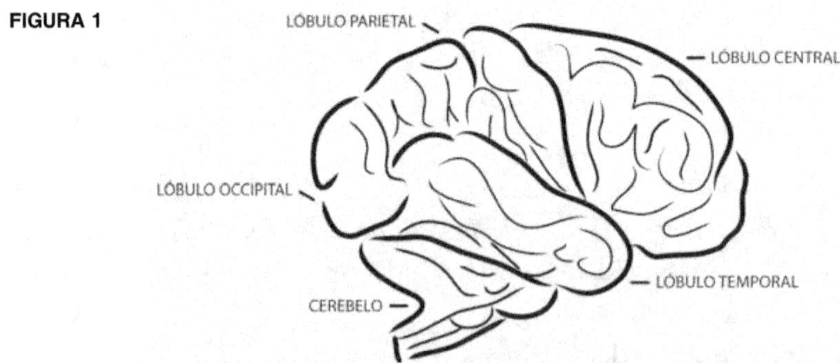

FIGURA 2

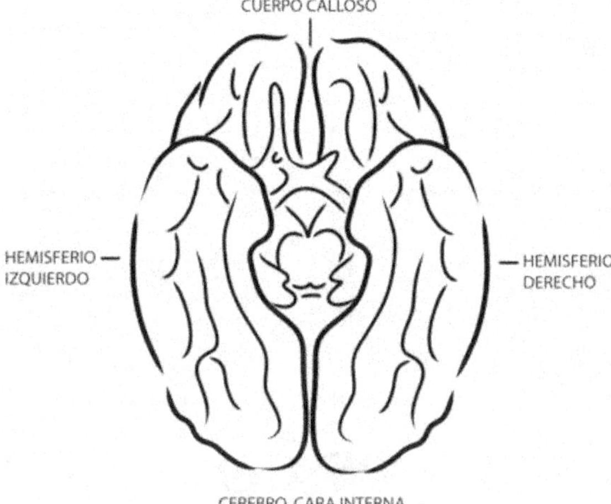

FIGURA 3

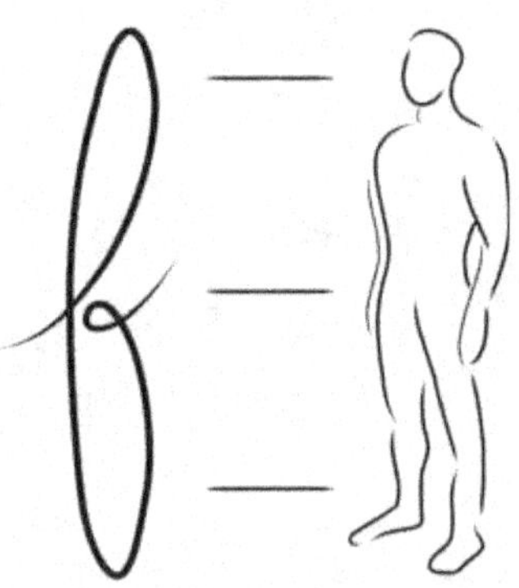

FIGURA 4

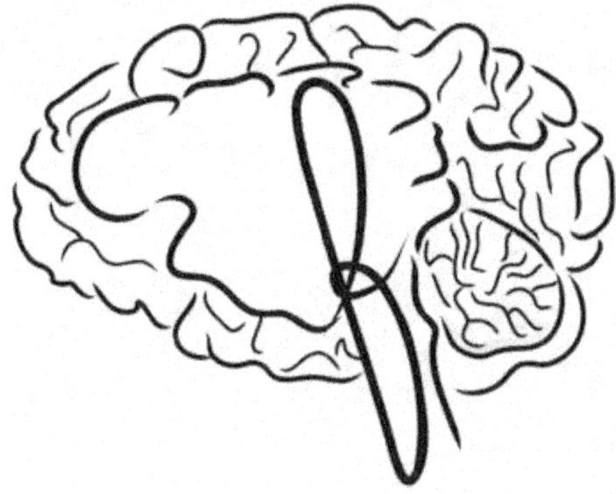

PSICO

Voy a entrar al estudio de lo *psico* tomando dos conceptos fundamentales:

madurez-inmadurez psicológica.

El grado de madurez- inmadurez logrado tendrá influencia en el grado de salud o de compromiso patológico alcanzado.

Para explicar esto, voy a tomar cuatro teorías en las que me voy a basar en toda la obra: ellas son:

- *Sistémica* (donde se describe el funcionamiento familiar).

- *Freud* (con el desarrollo que adquiere el aparato psíquico).

- *Mahler* (quien describe los pasos que deben darse para separarse e individuarse de la madre, para poder crecer).

-*Erikson* (con su desarrollo evolutivo del nacimiento hasta la muerte, y las etapas que hay que atravesar para una vida sana).

Según el tipo de estructura familiar en la que uno se forma, será el nivel de desarrollo alcanzado. La posibilidad de separarse o no de la madre nos hablará del nivel de crecimiento al que se puede llegar, y del nivel de equilibrio y del aparato psíquico, la adaptación resultante. Este crecimiento vivenciado (o no) será grabado por nuestro cerebro, y esa será la información que este nos envíe en el momento de actuar.

Si alcanzamos *madurez* en la personalidad, las conductas serán más sanas.

MADUREZ PSICOLÓGICA

Para el diccionario, madurez es sensatez, buen juicio con que el hombre se gobierna. Edad en que la persona ha alcanzado su plenitud vital y aún no ha llegado a la vejez.

Para la psicología clásica, son los cambios cualitativos que hacen que la persona progrese, permitiendo que las estructuras se complejicen y funcionen como basamento de niveles superiores.

La madurez implica necesariamente la madurez *emocional*; sin ella, es imposible que una persona pueda adquirir nuevos aprendizajes.

Si la logra, hay un equilibrio en las áreas de la personalidad (intelectual, afectiva, social).

Llegar a la madurez implica haber hecho un camino de evolución que comienza antes del nacimiento y no tiene fecha de vencimiento.

TEORÍA SISTÉMICA

Este proceso *psicológico-social-espiritual* comienza a gestarse en la *familia*.

La *familia funcional* va a colaborar en la forma como se atraviesen las diferentes etapas evolutivas. Va a permitir un desarrollo positivo de cada una de ellas y, así, llegar a la madurez.

A medida que transcurre el tiempo, se van sumando vínculos que brindan posibilidades de identificación diferentes. En nuestra sociedad, ocupan un papel relevante la escuela, el trabajo, etc.

Familias funcionales

Para llegar a funcionar de manera funcional, debe darse en la familia lo siguiente.

• Un adecuado nivel de **comunicación** (entre los padres, entre padres e hijos). Esto permite una dinámica sana. Debe haber espacio para que cada miembro exprese sus sentimientos (ternura, calidez, miedos, enojos, etc.). Si surgen conflictos, se deben reconocer y resolver.

• Las *jerarquías*, las *funciones* y las *reglas* deben ser claras. Los padres deben tener igualdad jerárquica en deberes y derechos. Ambos padres deben cumplir con las funciones *afectivas* y *normativas* que los hijos necesitan. La madre tiende a aglutinar y mantener los vínculos familiares. Al padre se lo asoció siempre con la imposición de la ley. Pero hoy se considera que ambos padres deben cumplir con la función de socializar y de nutrir.

Se deben permitir la proximidad y la distancia, de acuerdo con el momento evolutivo en que se encuentran y de acuerdo con las circunstancias de su vida (por ejemplo: proteger a los niños, poner límites a los adolescentes, etc.).

• Hay dos funciones básicas que la familia debe cumplir simultáneamente: la de dar sentido de *pertenencia* (que desde niño se sienta integrado a esa dinámica familiar) y la de *individuarse* (aprender a discriminar lo que es propio de lo que es ajeno). Es el permiso de crecimiento que se da a los hijos; aprender a hacerse responsable de sus propias decisiones.

En general, cuanto mayor es el nivel de afectividad de los padres, menor es la individuación de los hijos. En familias donde el nivel de pertenencia es muy pobre, la individuación comienza más precozmente (pero se da acompañada de negligencia y abandono).

• A mayor individuación, mayor posibilidad de *independencia*, es decir, de poder actuar sin estar pendiente de la aprobación del otro. Poder experimentar y decidir por sus propios medios, enriqueciéndose de sus propios errores.

• Esto, a su vez, conduce a tener *autoestima*. La persona hace una evaluación positiva de sí misma, siente que puede lograr aquello que desea ser. Una sensación de valía y capacidad protege mejor a las personas para las pruebas de la vida. Se va a enfocar la vida de una manera más espontánea y fácil. Se autodirigen, tienen *autocontrol*, saben defender sus derechos, son autónomas y más hábiles para interactuar con el entorno.

• Al ser autónomo, actuar con independencia y tener autoestima, es más fácil llegar a ese estado de equilibrio en las áreas intelectual, afectiva y social que llamamos *actuar con madurez*. Habrá una coherencia en la forma de pensar, sentir y actuar.

• Así se llega a configurar la *identidad*. Es poder responder a las preguntas: ¿Quién soy? ¿Cómo soy? ¿Qué quiero hacer? Es el proceso de *personalización* del que habla la psicología humanista. Se da generalmente al final de la adolescencia.

FREUD

Neurólogo, nacido en Checoslovaquia, desarrollo gran parte de su actividad en Austria. Descubrió el concepto de inconsciente. Es el creador de la teoría psicoanalítica.

Freud nos habla de recurrir a tres series complementarias para entender una personalidad.

• *Factores constitucionales:* lo heredado; genético. Lo menos modificable. Conforma el temperamento. Es *biológico*.

• *Factores adquiridos (experiencias infantiles):* vínculos de los padres, vínculos padres-hijos, afectos, límites, carencias, evolución libidinal, influencia de familiares, instituciones en las que uno se inserta (escuela, clubes, trabajo, etc.), medio social en el que se vive, religión a la que se pertenece, etc. Este aspecto es resultado, en gran parte, de la forma de vínculo familiar que se describió en la teoría sistémica.

• *Factor desencadenante:* estímulo externo o interno que moviliza una conducta.

Recordemos que Freud tiene dos teorías del aparato psíquico.

En la primera teoría, considera tres sistemas:

Inconsciente: ideas, sentimientos, conflictos reprimidos que no pueden llegar a la conciencia.

Preconsciente: sentimientos, pensamientos, fantasías, que no están presentes en la conciencia, pero que pueden hacerse presentes con una cierta facilidad (por ejemplo: al escuchar una canción, aparece un recuerdo ligado a ella).

Consciente: es el aquí y ahora, nos relaciona con la realidad a través de lo que percibimos.

En la segunda teoría:

Ello: es el motor de la energía psíquica. Está regido por el principio del placer. Allí se alojan todos los deseos. Es la parte más irracional e infantil de la personalidad.

Yo: es la parte ejecutiva de la personalidad. Está gobernado por el principio de realidad. Es quien decide y produce la conducta.

Superyó: es la parte normativa. Los ideales. Tiene que ver con el "¡Debes!" y con el "¡No debes!".

En las *personalidades maduras*, existe un equilibrio entre ello, yo y superyó, bajo la coordinación del yo.

El yo trata de mantener una armonía entre las pulsiones instintivas (ello), sus frecuentes choques con el deber y las reglas (superyó) y la realidad.

Es bueno y saludable fortalecerlo a través de una adecuada estimulación, de una visión positiva de sí mismo, que ayudará en el concepto autoestimativo.

Cuando este proceso se da en estos términos, nos encontramos con un yo fuerte, que está seguro de lo que quiere, hacia dónde va y qué quiere lograr.

Esta fortaleza le permite no dejarse influenciar por las demandas del ello, ni por las prohibiciones del superyó, y trata de hacer una síntesis en su conducta que satisfaga a ambas, pero sin perder de vista la realidad en la que está inmerso.

Sus conductas serán maduras y adaptadas.

Ejemplo:

Una persona debe levantarse temprano para ir a trabajar. Hace frío, y su ello desea que se quede descansando más tiempo. El superyó le exige cumplir con la obligación, y la realidad le muestra la necesidad de ir porque tiene mucho trabajo.

El yo maduro cumplirá con la realidad y el superyó, yendo en horario a trabajar, pero al mismo tiempo programará una siesta al salir de su trabajo, para cumplir con el ello y su deseo de descansar más.

Labaké dice, en su libro *Introducción a la psicología* (Bonum), algo que expresa lo que yo quiero explicar:

"Una personalidad armónica y creadora es aquella que dispone de un ello suficientemente rico, no negado ni temido, sino asumido por un yo sólido, que actúa orientado por un superyó capaz de normas claras, fundada en valores bien comprendidos y reconocidos.

Cuando se da esta integración, la persona supera la simple heteronomía, obediencia a normas extrañas a él, y alcanza la autonomía, porque ha hecho propias las normas al descubrir su razón profunda y al comprenderlas como defensa de valores reales, y no como tabúes ciegos. Y, en tal sentido, las normas así maduradas dejan de ser vividas como obstáculos y enemigos de la libertad, para convertirse en defensa y sostén de una vida verdaderamente libre. Aquella en que uno elige y realiza no lo primero que siente como deseo- impulso indiscriminado, sino aquello que personaliza progresivamente".

MAHLER

Margaret Mahler (1897-1985), húngara, fue psicoanalista y psicóloga del desarrollo.

En su libro *El nacimiento psicológico del infante humano*, diferencia el nacimiento biológico del nacimiento psicológico.

Nacemos biológicamente el día que venimos al mundo, pero nacemos psicológicamente el día que logramos separarnos, individuarnos e independizarnos de nuestra madre.

Este proceso lleva alrededor de tres años. Si logramos esta separación, el camino de la madurez se encuentra allanado.

Para lograr ello, se pasa por diferentes etapas:

• *Preludio del proceso de separación-individuación*
Fase autística normal.
Fase simbiótica normal.

• *Comienzo de la fase simbiótica*
Proceso de separación-individuación.

• *Subfases del proceso de separación-individuación*
Diferenciación.
Ejercitación locomotriz.
Acercamiento.
Consolidación de la individualidad.

Fase autística normal

Corresponde al primer mes de vida.

Las respuestas son instintivas a los estímulos, que son reflejos. Se despierta, sobre todo, cuando el hambre u otras necesidades (fundamentalmente fisiológicas) se ponen en marcha.

La tarea de esta fase es lograr el equilibrio homeostático del organismo, dentro del nuevo ambiente extrauterino.

No hay aún conexión con objetos que provengan del mundo externo.

Es una etapa caracterizada por el narcisismo primario (falta conciencia de lo que está por fuera de sí mismo).

Fase simbiótica normal

Desde los 3 a los 5 meses.

Es un estadio de interdependencia sociobiológica entre el infante y su madre, un estadio preobjetal de satisfacción de necesidades.

Aún no hay diferenciación entre él y su madre. Se comporta como si él y ella fueran una unidad de dos. La necesita para su supervivencia, ya que su yo no está preparado para sostener la vida por sí solo.

Hacia el final de esta etapa, empieza a salir del narcisismo primario (lo único existente es él) y pasar al narcisismo secundario (comienza a tomar conciencia de que la madre es alguien externo a él).

Proceso de separación-individuación

El infante muestra una creciente capacidad de reconocer a su madre como alguien externo a él.

Necesita, en un primer momento, fusionarse con ella, para luego ir separándose de ella y del mundo en general.

Individuación es ir asumiendo, por parte del niño, sus características individuales distintas y únicas.

El impulso para y hacia la individualidad es algo dado e innato, que tiene gran fuerza al comienzo de la vida y que parece continuar durante todo el ciclo vital.

Diferenciación

De los 4/5 meses a los 9 meses.

Comienza a disminuir la dependencia corporal total de la madre, a medida que la maduración de funciones locomotrices parciales produce el primer intento de apartarse de ella.

Trata de apartar el cuerpo de la madre para explorar el mundo más amplio y, así, poder mirarla. Empieza a reconocer a otros, aparte de la madre.

Está etapa se llama "ruptura del cascarón".

Empieza a poner energía en el mundo, *lo otro* que no es la madre.

Son los primeros intentos de separación-individuación. Ya diferencia su cuerpo del de la madre.

Las reacciones ante extraños empiezan a incluir la curiosidad y el interés.

Ejercitación locomotriz

De los 10/12 meses a los 16/18 meses.

Ya es capaz de alejarse activamente de la madre y volver a ella, primero gateando y más tarde caminando. Empieza la exploración del ambiente.

(Va formando las nociones de las que hablamos en grafología, en la construcción de *espacio* y *tiempo*. Esta etapa es importante en lo que después va a ser la construcción del "espacio gráfico").

Las exploraciones tempranas sirven a los fines de establecer familiaridad con un segmento más amplio del mundo, percibir, reconocer y gozar de la madre desde mayor distancia.

Empieza ejercitar funciones autónomas, especialmente la movilidad.

En esta etapa, madura su aparato locomotor. Se aleja cada vez más de los pies de la madre. Está tan absorbido por sus propios intereses, que parece olvidado de la presencia de esta.

La madre es aún utilizada como "base de operaciones", satisface las necesidades de reabastecimiento mediante el contacto físico cada tanto.

En la medida en que camina, se provoca un constante aumento de descubrimientos y pruebas de realidad. Domina el mundo bajo su propio control y dominio mágico.

Esto parece ser el primer gran paso hacia la formación de la identidad.

Al caminar, empieza a sentir que ya puede incorporarse, con derechos, al mundo de seres independientes. Esto genera una sensación de seguridad en sí mismo, que ya comienza a experimentar.

Acercamiento

De los 14/15 meses a los 18/24 meses.

Se caracteriza por un redescubrimiento de la madre, que ahora es un individuo *separado.*

Al deambular, le agrada compartir sus experiencias y sus posesiones con la madre, a la que percibe ya más claramente como separada y exterior.

La locomoción vertical (caminar) y la adquisición del lenguaje son los *parteros del nacimiento psicológico.*

Se comienza a gestar un primer nivel de identidad.

Esta fase se llama *acercamiento* porque aparece una necesidad de que la madre comparta con él todas sus habilidades y sus experiencias.

El reconocimiento de la madre como persona separada en el amplio mundo va yendo paralelo a la conciencia de la existencia separada de otros niños, de que estos están separados y son diferentes del yo de uno.

Empieza a querer tener o hacer lo que otro niño tiene o hace; es decir, un deseo de actividad especular, de imitación, de identificación —en cierta medida— con otro niño.

Los niños comienzan a desear los juguetes o las galletitas que otros niños tienen en la mano. Se está ampliando su mundo

Ya no le gusta que lo manejen. Descubre cada vez más su cuerpo como posesión propia.

En esta etapa, expande su mundo; incluye al padre como objeto de amor, diferente de la madre.

El desarrollo emocional de la madre, su disposición a darle un empujoncito al hijo para que se separe, para alentarlo a la independencia, es de enorme utilidad para cerrar este proceso.

En esta etapa, el niño desarrolla relaciones con otras personas del ambiente, aparte del padre y la madre.

Consolidación de la identidad

Comienza hacia el final del segundo año y es de extremo abierto.

En ella, se logra la separación entre el yo y el objeto.

La madre ya se percibe claramente como una persona separada y ubicada en el mundo exterior, y, al mismo tiempo, empieza a tener existencia en el mundo interno del niño.

Hasta acá, el niño debía ver a la madre para saber que está. No soporta la separación física, porque siente que, si no la ve, es que lo abandonó.

A partir de ahora, puede no verla, ya sabe que igual está y que volverá por él.

Ya puede empezar a estar en otros lugares sin la madre y quedarse sin hacer escándalos por su ausencia.

De lograr esto, es que el camino de la *separación-individuación* ha comenzado. Va camino a la *maduración.*

ERIKSON

Erik Erikson fue un psicoanalista cultural que trabajó en los Estados Unidos.

Nos muestra un desarrollo evolutivo a través de 8 etapas que todos atravesamos, planteadas como enfrentamientos en dos extremos posibles.

Si el desarrollo se produce por las positivas, el camino de la independencia, la autoestima, la *maduración,* la identidad, está allanado.

Si, por el contrario, el crecimiento se da en función de los *versus* negativos (desarrollados en inmadurez), se darán la dependencia, la baja autoestima, la *inmadurez* y la falta de construcción de la identidad.

Se debe atravesar cada etapa resolviéndola y generando las bases para enfrentar con seguridad la etapa siguiente. De esa manera, se crece y se evoluciona, y se acerca a la madurez.

(El trabajo está en el libro *Infancia y sociedad* y se llama "Las 8 edades del hombre").

1. Confianza básica

Al nacer, se da una dependencia absoluta de la figura de la madre. Son los primeros registros que envía el mundo externo, que van configurando los "cimientos" de la seguridad personal o la carencia de ella.

Las primeras demostraciones de confianza social en el niño se dan a través de la alimentación adecuada, el poder dormir, la evacuación de los intestinos. Todo esto, supervisado y controlado por la figura de la madre.

La cantidad de confianza derivada de esta experiencia infantil no parece depender de las cantidades absolutas de alimento, sino de la calidad de la relación materna. Esto, de ser tenido en cuenta (alimentando cuando es necesario, arropando cuando hace frío, etc.), crea una primera sensación interna de ser aceptado, de ser uno mismo. La confianza básica debe mantenerse a través de toda la vida. Son los primeros sentimientos rudimentarios de identidad yoica.

El primer logro social del niño es su disposición a permitir que la madre se aleje de su lado sin experimentar indebida ansiedad o rabia, porque aquella se ha convertido en una certeza interior, así como en algo exterior previsible. (Recordar lo que decía Mahler, que puede quedarse bien sin la madre porque ya la tiene internalizada; que no la vea no es que se perdió).

2. Autonomía

Significa pararse sobre sus propios pies. Comienza la maduración muscular. Empieza a experimentar con los objetos del mundo; a aferrarlos y soltarlos.

El niño debe sentir que ese deseo de conocer y elegir por su propia cuenta, de apoderarse de cosas por su propia decisión, es controlado desde el exterior, pero no reprimido; que se le permite esa experiencia de apoderarse de las cosas del mundo y empezar a ponerse en contacto con ellos.

3. Iniciativa

Comienza a tener mayor autonomía, a desprenderse de la figura materna, a caminar, hablar, experimentar y jugar con los objetos de su entorno, como una manera de ir aprehendiendo el mundo.

Ya puede empezar a planear sus acciones. Busca cosas de acuerdo con el objetivo de "conquistarlas". Necesita estar activo y en movimiento, y conquistar el mundo que lo rodea.

A partir de conectarse con los objetos, empieza a poder relacionarse con otros. Trae aparejada la rivalidad con aquellos que poseen los objetos que él desea. Pelea con los hermanos que tienen los juguetes que quiere en ese momento. Trata de mantener alejados a sus potenciales rivales.

Funciona con mayor "autonomía". Aprende rápido y ávidamente.

Está ansioso y es capaz de hacer las cosas en forma cooperativa, de combinarse con otros niños, con el propósito de construir y planear.

4. Industria

Es la entrada a la vida escolar. Ahora aprende a obtener reconocimiento mediante la producción de cosas. Está abierto a aplicarse a nuevas habilidades y tareas.

Desarrolla un sentido de la industria, se adapta al mundo de las herramientas. El principio del trabajo le enseña el placer de completar la tarea mediante una atención sostenida.

Adquiere cada vez más capacidad de utilizar los utensilios y herramientas que usa la gente. Aprende a sumar, restar, contar, dibujar, leer; usa la regla, el compás, los lápices.

El ir a la escuela implica tener un ámbito de salida del núcleo familiar, que lo conecta con el mundo más amplio.

5. Identidad

La infancia propiamente dicha llega a su fin. Alcanza la pubertad. La juventud comienza. Aparece la preocupación por lo que parecen ser ante los ojos de los demás, en comparación con lo que ellos mismos sienten que son.

Comienza la sexualidad a tallar con mayor intensidad. Las relaciones son pasajeras y sin compromiso. Son producto de la búsqueda de identidad propia. Probar con quién le gusta estar es una de las formas de esa búsqueda.

Es la posibilidad de ir integrando todas las identificaciones logradas, con las aptitudes y con las oportunidades ofrecidas en los aprendizajes sociales.

La identidad es comenzar a sentir una mismidad y continuidad de lo que uno es para los demás.

Es deslindar "¿qué es lo que me gusta?"; esto, desde diferentes situaciones, como elegir una carrera, una pareja, etc.

Si se llega a definir una identidad personal, es que ya estamos en el camino de lograr la *madurez,* y de poder así tener conductas más sanas en la vida.

6. Intimidad

El joven que está entrando en la adultez, en su búsqueda de identidad, está empezando a disponerse a fundir su identidad con la de otros.

Está preparado para la intimidad, puede relacionarse con mayor profundidad que en la etapa anterior, entregarse a otro. Puede comprometerse con afiliaciones y asociaciones concretas, y desarrollar la fuerza ética necesaria para cumplir con sus compromisos, aun cuando estos puedan exigir sacrificios significativos.

Recién ahora puede desarrollarse plenamente la verdadera genitalidad.

7. Generatividad

El hombre maduro necesita sentirse necesitado, y la madurez necesita la guía y el aliento de aquello que ha producido y que debe cuidar.

La generatividad es en esencia la preocupación por guiar a la nueva generación. Es entregar a los que vienen los conocimientos adquiridos y la experiencia de vida. Es la necesidad de sentirse valorado y reconocido por los otros. Esta entrega se puede dar con los hijos, los alumnos, etc.

8. Integridad

Es la última etapa, donde se hace un balance de todo lo realizado en la vida. Es la posibilidad de integración de todo lo aprendido.

"Solo en individuos que en alguna forma han cuidado de cosas y personas, se han adaptado a los triunfos y las desilusiones inherentes al hecho de ser generador de otros seres humanos o el generador de productos e ideas, puede madurar gradualmente el fruto de las siete etapas anteriores".

Aquel que se siente satisfecho con el camino realizado, siente que su vida ha sido productiva y ha tenido un sentido, es el que llega a ser poseedor de la integridad del yo. Es la aceptación del propio ciclo de la vida como algo que debía ser, y que, necesariamente, no permitía sustitución alguna.

Puede defender su dignidad, su estilo de vida y sus logros.

Estas personas están mejor preparadas para aceptar la posibilidad de la muerte. Esta consolidación final permite quitarle el carácter atormentador.

Están satisfechas con lo hecho y realizado en su vida, y están preparadas para la idea de perecer.

GRAFOLOGÍA

Cuando un trazado presenta un equilibrio entre espacio, forma y movimiento, será señal de madurez.

Orden

- Clara, organizada.
- Cuidada.
- Proporcionada.
- Ordenada.

Dimensión

- Mediana, grande o pequeña (sin exageraciones).

Forma

- Equilibrio ángulo-curva (predomino leve de curva). Predominio de guirnalda sobre bucle, simplificada (positiva), sencilla, combinación cursiva-imprenta, original.
- Legible.

Velocidad

- Moderada o pausada, rápida o lenta (sin exageraciones).

Dirección

- Horizontal (sin rigidez), moderadamente ascendente.

Inclinación

- Moderadamente inclinada.

Presión

- Tensión firme o mediana, profunda, nutrida.
- Relieve alto.
- Sin anomalías.

Continuidad

- Ligada-agrupada.
- Regular sin rigidez.
- Progresiva.

Letras reflejas

- Puntuación correcta (puntos "i"-barras "t"), barras "t" a ¾ equilibradas.
- "a"-"o": bien logradas.
- "r"-"s": bien trazadas.

Firma

- Con nombre y apellido, semilegible, a la derecha (ni cerca ni lejos del texto), poca rúbrica, coherencia (identidad) firma-texto.

> Creo que es una propuesta my interesante
> ya que este tipo de emprendimiento y la
> zona en la que se va a llevar a cabo, coin-
> cide con un proyecto familiar deseado y pen-
> sado desde hace algunos años
>
> Personalmente disfruto muchísimo del contac-
> to con la naturaleza y creo que nos permi-
> tiré un cambio de vida más acorde con
> nuestros valores y expectativas y el crec-

Escritura clara, con buena separación de letras, palabras y líneas; cuidada: con márgenes bien encuadrados, proporcionada. Mediana, legible, pausada, horizontal, moderadamente inclinada, con tensión firme, ligada, etc.

INMADUREZ PSICOLÓGICA

Para el diccionario: falta de madurez.

Para la psicología: atraso en el desarrollo afectivo. Lleva a la dependencia y a la inseguridad. Los patrones de conducta mantienen ciertas características que recuerdan la vida infantil.

Si se parte de una familia que no funcionó de una manera sana, no se va a dar un buen desarrollo evolutivo, se puede dificultar el desprendimiento materno, el aparato psíquico no encontrará el equilibrio necesario, y la conducta será *inmadura*.

De esta falta de maduración adecuada, derivarán muchas de las patologías que luego vamos a describir.

La persona inmadura posee un yo débil, tiende a satisfacer prioritariamente sus propias necesidades, dejando en un segundo plano todo aquello que represente obligaciones y responsabilidades.

Voy a desarrollar el camino que conduce a la inmadurez desde la perspectiva de las mismas teorías desarrolladas antes para la madurez (Sistémica, Freud, Mahler, Erikson).

TEORÍA SISTÉMICA

Familias disfuncionales

Las familias disfuncionales dificultan el desarrollo hacia la madurez. Algunas dee sus características son las siguientes.

• La *comunicación* no es sana. En esta, se suelen dar, por ejemplo:

Puntuaciones: donde cada uno cree tener la razón y no escucha al otro.

Triangulaciones: cuando la tensión entre dos personas se incrementa, aparecen problemas en la comunicación, se busca un tercero para disminuirla (no se ponen de acuerdo y se busca un aliado externo, que puede ser un amigo, para que dé la razón a uno de ellos. Así se siente un triunfo sobre el otro).

Triangulación perversa: cuando se alía uno de una generación con otro de otra generación; por ejemplo: mamá aliada con el hijo, contra el padre.

Dobles mensajes: cuando se dice verbalmente una cosa y se actúa de otra manera en la práctica.

Un buen ejemplo que he visto es el de la madre de un paciente esquizofrénico, que ve a su hijo después de varios días de internación. El paciente se acerca a la madre para abrazarla con alegría; la madre reacciona con rigidez corporal, rechazando el acercamiento del hijo. Él siente el rechazo de la madre, con lo cual frena su avance hacia ella. La madre automáticamente responde con la frase: "¡Se ve que ya no te da alegría verme!". Para el paciente, es una situación angustiante, ya que cualquier camino que tome será mal visto: si la abraza, no es correcto, porque ella no puede responder; pero, si no se acerca, está mal, porque no la quiere como antes.

Este es un modelo de doble mensaje: verbalmente se dice una cosa y corporalmente se expresa otra.

Estos modos comunicacionales son más comunes de ver de lo que parece.

- Las *jerarquías*, las *funciones* y las *reglas* no son claras.

Los límites entre las generaciones no están establecidos (por ejemplo: padres "amigos" de los hijos; los hijos que cumplen funciones paternas con los padres, etc.).

No se dan las funciones *normativas* (no se ponen límites a los hijos).

Las *afectivas* son excesivas (se les resuelven todos los problemas, se accede a todas las demandas, no se les da lugar para crecer) o carentes (se los empuja fuera de la familia cuando aún no están preparados para ello).

- No se da permiso de crecimiento. No se llega a la *individuación*.

- Se dificulta la *independencia*.

- Esto conduce a tener *autoestima baja*. La persona hace una evaluación pobre de sí misma. Siente que no puede lograr aquello que desea ser. Posee una sensación de deficiencia. Tiende a sentir una sensación de incapacidad para lo que desea encarar.

- Al no ser autónomo, actuar con dependencia y tener autoestima baja, es difícil llegar a tener de equilibrio en las áreas intelectual, afectiva y social.

No habrá una coherencia en las formas de pensar, sentir y actuar, y se manejará con inmadurez.

• Así, se dificulta configurar la *identidad.* No podrá responder a las preguntas: ¿Quién soy? ¿Cómo soy? ¿Qué quiero hacer?

FREUD

Si la vinculación familiar no dejó lugar para el crecimiento, el aparato psíquico no logra un buen desarrollo.

En las personalidades *inmaduras,* una de las instancias utiliza mucha cantidad de energía, y las otras se debilitan.

Por lo tanto, nos encontramos con lo que denominamos un *yo débil*: es el que tiene fuerza insuficiente para tomar decisiones de manera autónoma, para enfrentar y resolver situaciones por sí mismo, para gratificar necesidades y deseos.

Se caracteriza por rasgos de *inmadurez*, inseguridad, baja autoestima.

La persona con debilidad yoica está dominada por sus impulsos, por sus conflictos o por los otros. De ese modo, no puede adoptar una conducta madura frente a la realidad.

La conducta del individuo no encuentra el equilibrio deseado, no hay negociación entre las instancias del aparato psíquico, bajo el control del yo. Alguna de las instancias domina al yo y le impone sus condiciones.

Existen diferentes posibilidades:

Predominio del ello

Si el principio del placer es el que domina, quiere decir que no hay un adecuado equilibrio entre las instancias (ello, yo, superyó).

En este caso, una de las instancias (ello) utiliza mucha cantidad de energía, mientras las otras se debilitan.

Es el caso de los padres que accedieron a todas las demandas del niño y no establecieron límites adecuados.

El yo no va a tener la suficiente fuerza para controlar e imponerse, y el superyó estará prácticamente ausente.

Por lo tanto, la conducta va a ser predominantemente impulsiva e infantil. Al dejarse dominar por el ello, actuará conforme con sus deseos, sin tener en cuenta la realidad.

Ejemplo:

Suena el despertador para ir a trabajar; el sujeto que se deja dominar por su ello apagará el despertador, se quedará durmiendo, dando satisfacción a su deseo, buscará una buena excusa, sin preocuparse por las consecuencias de su acción.

Reacción infantil por emociones, poca capacidad para reflexionar.

Predominio del superyó

También podemos encontrarnos con casos en donde han prevalecido las "exigencias". Son familias donde los "deseos" eran prohibidos y recibían castigos ante su sola aparición.

La persona se desarrolla en un ambiente de alta exigencia moral, en el que se cumple con todas las obligaciones que las realidades externa e interna imponen. No se da lugar al placer y la recreación.

Aquí predomina el "displacer": cuando no se satisfacen las necesidades, crece la tensión. El desagrado y la insatisfacción se tornan insoportables; la vida afectiva del sujeto la manifiesta a través de angustia.

Allí se produce un conflicto, al darse un enfrentamiento entre fuerzas opuestas. Hay un desajuste psíquico entre un deseo inconsciente y la imposibilidad de satisfacerlo (conflicto entre el yo y el mundo).

Se da dentro del sujeto una oposición de exigencias contrapuestas, a las cuales debe satisfacer.

Se trata de una lucha entre los impulsos que tienden a la descarga y las fuerzas defensivas que se oponen a ella.

Disocia o separa lo que siente de lo que piensa, como si se tratara de dos mundos diferentes.

Esto va a generar un desarrollo exagerado del superyó, con un yo que no tendrá suficiente fuerza para oponerse a sus prohibiciones, y un ello debilitado que no demandará demasiado, por temor a las culpas que aparecerán con posterioridad. Entonces, el yo, apoyado por un fuerte superyó, domina al ello y reprime el placer.

Aparecen los mecanismos de defensa que el sujeto utiliza para estar a salvo de las presiones ambientales y evitar así la angustia (por ejemplo: racionalización).

Al dominar el superyó, predominan los ideales a alcanzar. El sujeto no se dejará llevar por lo que siente, sino por los ideales personales y familiares (por ejemplo: será abogado porque es un ideal para los otros, y no por placer personal).

En sentido positivo: hay una voluntad reguladora del carácter y de la actividad. Se conduce en la vida con un fuerte y profundo sentido del deber y de las obligaciones, es serio, organizado y responsable. Tiene capacidad de mando, con buenas facultades críticas. Es individualista y no busca apoyos externos para creer en sí mismo.

En sentido negativo: cuando el displacer, el desagrado y la frustración (por no hacer lo que desea) lo invaden, y no logra compensarlos o sublimarlos positivamente, aparecen la ansiedad, la angustia, la agresividad (que puede canalizarse hacia fuera, por ejemploe en el deporte, o hacia adentro, por ejemplo enfermándose).

Ejemplo:

En el caso ya citado, se levantará antes de que suene el despertador, para no llegar tarde. Su deseo de descanso será descartado por la culpa que desencadenará. Cumplirá con su horario y obligación. No sólo no descansará, sino que hasta se podrá quedar más tiempo del necesario en su trabajo, porque su rigidez le impedirá satisfacer cualquier deseo.

Todo intelecto, poca expresión emocional. Todo obligación, negación del placer.

Tanto en uno como en otro caso (predominio del ello o del superyó), no se llega a lograr el equilibrio adecuado entre las instancias, por lo cual las conductas resultantes estarán dominadas por reacciones *inmaduras* e infantiles.

Mahler

La madre se fusionará con su hijo, haciendo un núcleo simbiótico que no permite el desprendimiento y el crecimiento. El padre estará ausente como figura; no pone los límites esperados. El aparato psíquico no se desarrolla.

Si no se separa de su madre, el individuo no madura.

¿Cómo atraviesa las fases desarrolladas en madurez?

Fase autística

Se da cuando el niño no llega a percibir en absoluto a su madre como representativa del mundo exterior.

Él y la madre son una unidad simbiótica. Hay un muro helado entre el niño y el mundo exterior.

En las patologías autistas, se produce una fijación o regresión a esta etapa.

Fase simbiótica

No puede salir de la simbiosis que se da de manera natural durante este período. No logra nunca discriminar que el pecho y su madre son objetos externos a él.

El niño no deja de tratar a la madre como si fuera una parte de sí mismo, no exterior, sino fusionada con él.

Es incapaz de integrar una imagen de la madre como un objeto distinto y totalmente externo. El autismo, los berrinches y la autoagresión dominan el cuadro.

Proceso de separación-individuación

Si no llega a lograr esta separación-individuación, la ausencia física de la madre le provocará grandes temores a la pérdida del objeto amado. Siente que perdió su amor, con una gran dosis de ansiedad de separación (que va a motivar, en la vida adulta, no poder desprenderse de los vínculos, aunque sean negativos).

Diferenciación

Si no llega a la "ruptura del cascarón" no va a poder vincularse con objetos del mundo externo. Solo vivirá para su madre, y su madre para él.

No va a diferenciar sus propias sensaciones de las de la madre. Si la madre está triste, él estará triste; si la madre está alegre, él estará alegre.

Nunca tendrá claro lo que él siente.

Ejercitación locomotriz

Si no se le permite la experimentación del mundo externo, con todo el aprendizaje que conlleva, no logrará poder estar en ámbitos donde no esté la presencia física de la madre. Por ejemplo: no podrá jugar solo en su habitación mientras la madre está en la cocina, o no soportará que la madre cierre la puerta del baño, porque no verla es equivalente a haberla perdido.

También tendrá como consecuencia dificultades en la construcción de las nociones de "tiempo y espacio", que veremos en la vida adulta en la forma de construcción del espacio gráfico.

Acercamiento

Si no logra las pautas de esta fase, quedará funcionando con mecanismos de "escisión"; se disociará y no podrá tolerar fácilmente los sentimientos simultáneos de amor y de odio hacia la misma persona. Los sentimientos de amor y odio no llegan a amalgamarse; la madre será sentida alternativamente como toda buena o toda mala.

Puede también desplazar la agresión al mundo no materno, a la vez que exagera el amor idealizado a la madre cuando está ausente; pero, cuando vuelve, desquicia la imagen ideal, y los encuentros con ella se tornan penosos.

El yo no puede hacer una síntesis y curar esa escisión.

Se darán conductas futuras de poner el amor en un objeto y el odio en otro. Siempre va a necesitar a alguien para idealizar y a alguien para odiar.

Encontrará un enemigo potencial en cada situación que le toque vivir. El objeto bueno estará dotado de toda la perfección y no verá sus defectos; el objeto malo tendrá todos los atributos negativos y no verá ninguna de sus virtudes.

Consolidación de la identidad

Se verá dificultada la consolidación de la identidad, ya que, al no lograr la debida separación-individuación, el niño estará fusionado con su madre, y pensará, sentirá y actuará como lo haría ella en cada situación.

No logrará madurar adecuadamente y tendrá como consecuencia no saber qué es lo que realmente quiere para su vida. Su conducta, generalmente, será inmadura e infantil, con diferentes *"actings"* (impulsivos, sin lograr pensar) de acuerdo con cada edad evolutiva.

ERIKSON

Recordemos que Erikson planteaba un desarrollo evolutivo en 8 etapas. Cada una de ellas está dada por un enfrentamiento *(versus)* entre dos polaridades extremas y posibles conductas que se dan en los diferentes niveles de desarrollo.

En la parte de "Madurez", vimos el camino de lo positivo que conduce a ella.

Acá vamos a desarrollar las 8 etapas desde el camino negativo, que conduce a la inmadurez emocional. Las fases no se atravesaron adecuadamente; el individuo se quedó fijado en alguna de ellas. Los padres jugaron un papel esencial y ayudaron a ser una persona *inmadura*.

Siempre, entre los extremos, hay posibilidades intermedias, que conducen a las conductas más cercanas a la normalidad.

¿Qué pasa en cada etapa?

1. Desconfianza básica

Hay una falla en la función materna de la primera etapa.

Falta el alimento básico, no hay arropamiento al tener frío, la madre no está presente o está ocupada en sus propias necesidades y no percibe las del hijo. Puede haber alimentación, pero falla el contacto afectivo.

El niño no va teniendo los "cimientos" básicos para una sensación de confianza en sí mismo, porque sus necesidades no son satisfechas, y él aún carece de la potencialidad para proveérselas.

La ausencia de confianza básica genera, en las personas adultas, un retraimiento hacia estados esquizoides y depresivos. Es la base de las psicosis infantiles.

2. Vergüenza y duda

Si viene con desconfianza del período anterior, es factible que entre en el terreno de la vergüenza. Expresa el temor a quedar expuesto, a ser mirado; trata de ocultar su rostro, de no mostrarse, que nadie vea lo que hace, ya que padece de una gran inseguridad. Esta vergüenza trae un sentimiento de pequeñez.

La duda es producto de no tener decisión ante lo que desea hacer. Es la base para las dudas compulsivas de la adultez, los temores paranoides, etc.

3. Culpa

El niño no logra independizarse a tiempo a través del movimiento, no se le permite el reconocimiento de los objetos del mundo.

Se retrasa su desarrollo, ya que la madre evita que se independice y frena su movimiento autónomo. No lo dejan moverse libremente, lo retan ante cada cosa que toca, se lo castiga y no se le deja reconocer el mundo que tiene a su alrededor.

Hay un sentimiento de culpa con respecto a las metas planeadas y los actos iniciados por el propio placer que experimenta al caminar y tocar.

En la patología adulta del que no pudo superar esta etapa, se expresa, por ejemplo, la negación histérica, que provoca la represión del deseo o la anulación de su órgano ejecutivo mediante la parálisis, la inhibición o la impotencia.

4. Inferioridad

Es una sensación de inadecuación, de no estar preparado para enfrentar el mundo, como producto de una familia que no lo está formando para enfrentar la vida.

Tiende al aislamiento, la soledad, la desintegración.

No se siente capaz de enfrentar la vida escolar, teme tener que estar en la escuela sin la base de protección materna. (Pienso en esos chicos que en la casa saben hacer los ejercicios para las pruebas, pero en la escuela, sin la presencia de la madre, fracasan).

5. Confusión del rol

Es la etapa de la pubertad-adolescencia, con la consecuente definición del rol sexual.

Si las etapas anteriores se desarrollaron adecuadamente, va a tener las bases para ir adquiriendo una identidad sexual.

Las dudas en cuanto a esta identidad desencadenarán también dudas en cuanto a la identidad ocupacional.

Muchas veces, para evitar la confusión, se sobreidentifican temporariamente, hasta el punto de una aparente pérdida de identidad, con personajes de la TV, el deporte o cualquier héroe idealizado que por allí encuentran, y tratan de imitar su conducta.

El desafío adolescente es llegar a la definición de la propia identidad proyectando la propia imagen yoica difusa en otra persona, y logrando así que se refleje y aclare gradualmente.

6. Aislamiento

El temor a la pérdida del yo en la conjunción con otro puede llevar a evitar las experiencias de intimidad, y a un estado de aislamiento y de autoabsorción.

Se cuida por temor a los contactos con el mundo externo. Busca relaciones pasajeras sin compromiso, que le permitan seguir funcionando en un mundo infantil, pero que finalmente generan soledad. Generalmente, se acompaña de dificultades de llegar a la genitalidad adulta. La satisfacción sexual ya no debería ser solo una satisfacción instintiva.

También se empiezan a definir roles laborales. En definitiva, se consolida o no lo que Freud enseñaba, que la salud era la posibilidad de "amar y trabajar".

7. Estancamiento

Los individuos demasiado centrados en sí mismos se tratan como si fueran su propio y único hijo. Solo están preocupados por sus propias necesidades y deseos.

No pueden "dar". No pueden transmitir lo aprendido a las nuevas generaciones. Falta por completo el enriquecimiento que produce el contacto con el otro; se produce, en general, un sentimiento de estancamiento y empobrecimiento personal.

8. Disgusto o desesperación

El "disgusto" es por no haber logrado lo propuesto para la propia vida; la "desesperación" es por no tener tiempo para intentar otra vida o para probar caminos alternativos.

Esta insatisfacción genera desesperación ante la posibilidad de la muerte. No se acepta el propio ciclo de la vida, lo que se expresa, en general, como un gran malestar consigo mismo y con los demás.

Si la familia no funcionó adecuadamente, no se dieron las bases para desarrollarse, separarse, crecer y desarrollar su aparato psíquico; por ende, las conductas serán *inmaduras,* con mayores posibilidades de generar conductas patológicas.

GRAFOLOGÍA

Cuando se da un desequilibrio entre espacio, forma y movimiento, es señal de inmadurez.

Orden

- Confusa.
- Descuidada.
- Desproporcionada.
- Desordenada.

Dimensión

- Muy grande, muy pequeña, alta, baja, sobrealzada, rebajada, lanzada, exageraciones gráficas.

Forma

- Exagerado predomino de arcos. Complicada, filiforme.
- Ilegible.

Velocidad

- Precipitada, retardada.

Dirección

- Cóncava, convexa, sinuosa. Muy ascendente, muy descendente.

Inclinación

- Muy inclinada, muy invertida, variable.

Presión

- Floja.
- Superficial.
- Relieve bajo.
- Torsiones, temblores, congestiones, pastosidades.

Continuidad

- Desligada.
- Irregular.
- Involucionada.
- Regresiva.
- Brisados, fragmentaciones.

Letras reflejas

- Excesos en signos de puntuación. Puntos de "i" extraños o en círculos, mal ubicados.
- "p"-"r"-"s": grandes o mal construidas.
- "d": con hampa extravagante.
- "a"-"o": minúsculas, en sentido de las agujas del reloj.
- Barra de "t", de forma extraña. Largas. Desproporcionadas.
- Olvido o repetición de letras, palabras o frases.

Firma

- Baja calidad. Diferencia texto-firma. A la izquierda, muy cerca o muy lejos del texto.
- Rúbrica excesiva, tachada.

[Texto manuscrito, escritura confusa y poco legible:]

le no comprende mi situación ya me pasó con otra
mujer que me hizo lo mismo. Yo tuve que llamarla por
teléfono entonces vino, No me quise comprar las cosas
esas que me había dicho y que salvarían nuestra situación solo llevó unos libros. Si voy a venderlos a la capital
me dan nada y aquí en VB no se pueden vender.
se que hacer, Escucho en la radio del terrible ajuste
y van a hacer y me vuelvo loca. Ya casi no puedo pagar
ello y si aumenta todo el doble o el triple imposible.
el dueño todavía no saben nada sobre los alquileres
terrible. El sábado vino un muchacho por un libro al
irme los libros me tocó sin querer la mano era muy
simpático, todo me excita pero todo está prohibido para mí
y mis nervios, por mi salud, por mi situación económica
domingo me llamó Carmen ella tampoco me entiende me
aconsejas, yo le dije que no puedo y me toma por haragán
cosa se viene abajo, de rajaduras, se está inclinando
yo mucho miedo. Carlos está un poco mejor pero no
te dice nada. Pasó algo terrible unos malos alumnos le
escribieron en el cuaderno de comunicaciones que lo habían
to en el baño de la escuela haciendo actos sexuales y
en el colegio hubo una revisación médica, donde se le vió
según anal a la miseria y firmaron como el director y el
secretario diciendo me se fuera por el colegio

Escritura confusa, mal uso del espacio gráfico, no hay buena separación de letras, palabras y líneas. Descuido de márgenes. Desproporcionada. Poco legible, floja, etc.

RELACIÓN ENTRE LA CONSTRUCCIÓN DEL ESPACIO GRÁFICO Y LA CIMENTACIÓN DEL YO

Teoría

Freud, en "El yo y el ello", nos habla de un yo que evoluciona de lo *corporal* a lo *psíquico*.

Para llegar tener un yo fuerte y maduro, primero hay que construir la noción de *cuerpo* (reconocer el cuerpo propio es empezar a reconocerse a sí mismo). Así, se llega a formar el *yo corporal*.

Esta noción comienza a diseñarse a partir del *movimiento*, que se da en el *espacio* (se camina por la casa, se reconocen objetos, y uno se descubre al entrar en contacto con esos objetos y tener noción de amplitud para moverse).

Este trabajo está preferentemente dirigido por el hemisferio cerebral derecho.

Si se construye la noción de yo corporal, se da paso a la construcción del yo psíquico (reconocer el cuerpo que se ve en el espejo como propio, "¡Ese soy yo!", es empezar a internalizar la idea de uno mismo, como diferente de los otros).

Paralelamente a la construcción de la noción de espacio, se modela la noción de *tiempo* (si se corre rápido ante un objeto que está muy cercano, se choca; así, se aprende a regular el movimiento).

Este esfuerzo está, en general, dirigido por el hemisferio cerebral izquierdo.

Haber logrado internalizar las nociones de espacio y de tiempo le empieza a dar sentido al movimiento, y va generando *crecimiento, desarrollo y maduración* de la personalidad. La persona logra una buena adaptación al mundo y a la realidad que la rodea. Maneja los tiempos y las distancias necesarias con los otros.

El nivel de maduración alcanzado se refleja claramente en el manejo que se hace del *espacio gráfico* de la hoja en blanco.

Recordemos que esa hoja blanca simboliza todo el espacio y el tiempo del que se dispone.

La forma de ocuparlo es un reflejo de la manera de manejarse en el mundo.

Si se ocupa bien el espacio de la hoja (escritura ordenada), con respeto en las distancias (letras, palabras y líneas), buen encuadramiento de márgenes, etc., es una señal de madurez, autoestima y un yo fuerte.

Si se lo maneja mal, con una escritura desordenada, habla de inmadurez, baja autoestima y un yo débil.

Si no se logra incorporar las nociones de espacio y tiempo de manera adecuada, se lo observa cuando no se miden las distancias espaciales y temporales para llevarlas adelante.

Por ejemplo: alguien tiene que viajar 50 kilómetros y cree que, saliendo con 10 minutos de anticipación, llega bien. No tiene noción de la distancia y del tiempo que lleva el trayecto. Resultado: llega tarde a muchas partes, por no poder calcular adecuadamente.

Es un signo más de haber alcanzado o no la madurez antes esbozada, y la consolidación (o no) del yo como fortaleza de la personalidad.

> la segunda entre las mayores economías del mundo, y como crece más rápidamente que cualquier otro país, está en camino de superar a la vuelta de un par de décadas a Estados Unidos como la economía más grande del mundo. Algunos observadores arguyen que las cifras de crecimiento son exageradas, pero rebajar un punto, como ellos lo sugieren, de una tasa de crecimiento del

Buen manejo del espacio gráfico. Hay diálogo entre lo escrito y lo no escrito. El texto ocupa mucho del espacio, pero los blancos airean. Separa letras, palabras, líneas. Respeta blancos en los márgenes. Se da un cierto equilibrio entre espacio, forma y movimiento (buena noción espacio-temporal).

PATOLOGÍAS

EJES Y ESTRUCTURAS PSICOPATOLÓGICAS

De acuerdo con el grado de *madurez-inmadurez* alcanzado durante el desarrollo, será estructurada la personalidad, la cual funcionará "normalmente" o "patológicamente".

Estas patologías pueden ser *leves, moderadas o graves,* según la cantidad y la intensidad de los síntomas que se presentan y según el nivel de desadaptación que se genere.

Para que se considere que uno de los cuadros presentados responde a alguna de las estructuras de personalidad que vamos a desarrollar, no es necesario que presente el 100% de los síntomas que se describen.

Se considera que tiene rasgos que denotan esa estructura si presenta un 30% (leve), un 50% (moderado) o más de un 70% (grave). Estos valores son relativos, y no matemáticos. En matemáticas, 2 más 2 son 4. En psicología, a veces puede ser 4, pero según una serie de datos que amplíen el cuadro descripto, puede "ser" 3, 5 o más.

Cuando me refiero a patología, hablo del estudio de las enfermedades.

En este capítulo, se desarrollarán diferentes estructuras de personalidad, divididas por ejes (neurosis, psicosis, trastornos del narcisismo, del estado de ánimo, neurológicos) que las abarcan.

En la descripción de cada una de ellas, se encontrarán:

- *Definición del cuadro presentado.*
- *Descripción de las características de personalidad más importantes.*

- *Rasgos gráficos que presentan.*
- *Ejemplo de escritura que las representa.*

Los diferentes *ejes* y las *estructuras psicopatológicas* que vamos a trabajar son:

♦ **Neurosis**

- Histeria.
- *Trastornos de ansiedad: Trastorno de Ansiedad Generalizada (TAG); fobia (ataques de pánico); obsesiva (TOC).*

♦ **Trastornos del narcisismo**

- *Psicopatías.*
- *Perversiones.*
- *Adicciones (drogadicción, alcoholismo, etc.).*
- *Borderlines.*
- *Trastornos de alimentación (bulimia-anorexia).*
- *Hipocondría.*
- *Personalidades infantiles.*

♦ **Psicosis**

Esquizofrenias:
- Simple.
- Hebefrénica.
- Catatónica.
- Paranoica.

♦ *Trastornos del estado de ánimo*

- Depresión.
- Manía.
- Bipolares.

♦ *Trastornos neurológicos*

- Parkinson.
- Epilepsia.
- Demencias (Alzheimer, etc.).

♦ NEUROSIS

Es un conjunto de trastornos que producen, en la persona que la padece, un desajuste mínimo con respecto al medio.

Son problemáticas de índole psicológica, sin compromiso orgánico que las justifique, y sus síntomas expresan conflictos no resueltos de la historia infantil del sujeto.

Manifestaciones psíquicas

- Se tiene conciencia de enfermedad (sabe que no está bien).

- Se conserva el juicio de realidad (conoce la realidad en donde "está parado").

- Trastornos del dormir (insomnio, pesadillas, etc.).

- Trastornos sexuales (impotencia, frigidez, masturbación excesiva, etc.).

- Agresividad (humor inestable, intolerante, contradictorio, etc.).

- Culpa (se siente responsable de todo lo que sale mal).

- Ansiedad (estado de permanente inquietud, incertidumbre y desamparo).

- Angustia (tristeza profunda con registro corporal; por ejemplo, dolor en el pecho).

- Frustración (se pone metas imposibles de alcanzar).

- Tics (acto impulsivo motriz involuntario).

- Agotamiento y desgano (fatiga, pesadez, cefaleas, etc.).

Manifestaciones físicas

- Aceleración del ritmo cardíaco-respiratorio.

- Sudoración.

- Mareos.

- Síntomas gástricos

- Otros.

Padecen de neurosis las personas "normales" que tienen una problemática de tipo psicológica, sin origen en problemas reales del organismo.

A partir de esa situación psíquica no resuelta, se producen determinados síntomas. Éstos van a variar de acuerdo con el tipo de historia y la personalidad que tiene el individuo que la padece.

Hay tres estructuras fundamentales: *histeria, obsesiva y fóbica.* Se adquiere una u otra de acuerdo con la historia personal y la etapa evolutiva donde quedó detenido el sujeto: el histérico, en la etapa fálica; el obsesivo, en la anal, y el fóbico, en la uretral.

Se las llama patologías edípicas porque el sujeto no terminó de superar esa conflictiva.

Según Freud, el complejo de Edipo se manifiesta entre los 3 y los 5 años, cuando el hijo, como tercero excluido, intenta penetrar en el vínculo de los padres y conquistar al padre del sexo opuesto; eso genera rivalidad y conflicto con el padre del mismo sexo.

La salida positiva del Edipo es a través de la separación del padre deseado y de la identificación prioritaria con el padre del mismo sexo.

La no resolución genera quedarse fijado a una etapa del desarrollo infantil y no poder avanzar hacia la maduración. En la conducta, se producen regresiones a la etapa del desarrollo no resuelta.

El comportamiento se lo debe entender teniendo en cuenta la interacción que existe entre las series complementarias, de las que hablaba Freud:

Lo constitucional: factores genéticos, lo innato, lo congénito. Todo lo que traemos.

Las experiencias infantiles: constelación familiar, vínculo entre los padres, modo de relación padres-hijo, experiencias de frustración, privaciones, pérdidas, gratificaciones, culpas, angustias, grado y manejo de la ansiedad, forma de atravesar las diferentes etapas evolutivas, etc. Lo que adquirimos.

Factor desencadenante: el motivo que desencadena una conducta neurótica puede provenir del mundo externo (frustración, pérdida, etc.) o del mundo interno (culpa, angustia, insatisfacción, etc.).

El mero hecho de tener dificultades en la vida no basta por sí solo para producir un comportamiento neurótico; es necesario que, previo a ello, exista algún conflicto interno, condicionado por la evolución infantil, que lo haga patógeno.

El yo inmaduro intenta defenderse de las pulsiones que lo amenazan (por ejemplo, deseos insatisfechos, etc.); esto genera elevada ansiedad, angustia, sensación de debilidad para manejar adecuadamente la situación. Se ponen en marcha mecanismos de defensa (regresión, represión, proyección, anulación, etc.), para atenuar las consecuencias, y aparecen los síntomas. Éstos son un intento infructuoso por mantener la homeostasis y el equilibrio del organismo.

Generalmente, el síntoma permite obtener un beneficio (secundario), y lograr de esta manera alguna finalidad inconsciente que se perseguía; por ejemplo, llamar la atención de la familia. Por esta "utilidad" cuesta tanto modificarlo.

A continuación, voy a desarrollar el eje de las neurosis.

HISTERIA

(Según el DSM-IV, "Trastorno histriónico de la personalidad".)

Definición

Es una forma de neurosis que se caracteriza por expresar con el cuerpo las ideas y los afectos que no se pueden canalizar adecuadamente. Los conflictos no manejados van a parar al cuerpo en forma de síntomas (por ejemplo, parálisis de miembros), sin compromiso orgánico.

Se puede expresar de manera exagerada (crisis histérica); en otros casos, como un problema físico (por ejemplo, desmayos), como una forma de autocastigo por haber experimentado deseos prohibidos.

El DSM-IV habla de una "excesiva emotividad y una permanente búsqueda de atención que empieza al principio de la edad adulta y se da en diferentes contextos".

Generalidades

A partir de observar a sus pacientes mujeres, Freud fue sentando las bases del psicoanálisis, precisamente partir de la descripción de la histeria.

Luego, fue descubriendo que los síntomas también los producían los hombres.

Los síntomas histéricos son producto de procesos psíquicos llenos de afectos que no pueden ser descargados por el camino normal a la conciencia.

Por este motivo, ese afecto bloqueado busca su descarga, y lo hace a través del cuerpo.

Por ejemplo, una persona que padece de vómitos por abrigar fantasías sexuales inconscientes repudiadas por su moral. Allí se da una lucha entre el deseo de llevarlas adelante y la prohibición. Como resultado, se produce el síntoma. Ese cuerpo está expresando lo que le pasa.

Es producto de la no elaboración del complejo de Edipo. Los deseos sexuales reprimidos, tal vez, sean hacia su padre o algún sustituto.

La problemática mejora cuando se consigue despertar el hecho traumático, junto con el afecto correspondiente.

Suelen presentar una serie de síntomas físicos que, luego de ser estudiados por médicos, son derivados a tratamientos psicológicos, ya que no se les encuentra explicación orgánica.

Algunos de esos *síntomas* son:

- Frecuentes ataques de nervios.

- Contracturas y espasmos.

- Trastornos digestivos: vómitos, náuseas, imposibilidad de tragar, etc.

- Retención urinaria.

- Urticaria.

- Hemorragias.

- Fiebre intensa.

- Parálisis de algún segmento corporal (por ejemplo, manos, pies, etc.).

- Ceguera, sordera, etc.

Características psicológicas

Área intelectual

- *Amnesia* (poco registro de las cosas, por la falta de compromiso con la que generalmente se maneja).

- *Idealismo, alto nivel de fantasía* (sueñan con ideales inalcanzables que luego se frustran).

- *Pensamiento mágico* (caracterizado por una visión infantil del mundo, donde se cree que las cosas se van a dar como uno piensa, sin tener que hacer nada para conseguirlo).

- *Forma de hablar excesivamente subjetiva y llena de matices secundarios* (cuando cuenta algo, tiende a dramatizar y provocar un impacto estético con el relato; "entona" el discurso; utiliza frases hechas impactantes, destinadas a sorprender al auditorio).

- *Creatividad* (producto de su alto nivel de fantasía; suele encontrar salidas originales ante las situaciones).

- *Des**orden*** (sus ideas no siguen una secuencia lógica, se le presentan muchas, y cambia permanentemente).

- *Impulsividad* (suele actuar sin pensar en las consecuencias de sus decisiones).

Área afectiva

- *Predominio afectivo por sobre la razón* (siente mucho y piensa poco; pero ese sentimiento, a veces, no concuerda con los hechos reales).

- *Teatralidad, histrionismo* (con exagerada expresión corporal y emocional en todo lo que hace).

- *Carácter inestable y cambiante* (le cuesta sostener su ánimo, y su conducta está matizada por estos cambios).

- *Déficit en la configuración de la identidad* (es influenciable por los dichos de los otros; nunca termina de tener claro qué es lo que quiere).

- *Alteraciones sexuales* (impotencia, frigidez, falta de deseo sexual, etc.).

- *Va a la "fachada", a las formas exteriores* (preocupación por lo que muestra y por como lo verán los otros).

- *Utiliza el aspecto físico para llamar la atención sobre sí mismo* (en la manera llamativa de vestir, en colores que no pasan desapercibidos).

- *No tiene compromiso con las cosas* (le cuesta meterse a fondo en lo que hace o en los vínculos que establece).

- *Espectador de la vida* (le cuesta actuar para lograr un fin; suele mirar cómo otros hacen).

- *Insatisfacción* (nada le alcanza; siempre pendiente de lo que no tiene o no puede conseguir; busca cosas inalcanzables).

- *Inseguridad* (poca valoración de sí mismo).

- *Infantil en su manera de actuar* (la impresión es la de un chico que no creció, sobre todo cuando se trata del plano emocional).

- *Angustia* (afecto displacentero que provoca temor, sofocación, alteración en la respiración, palpitaciones, etc.).

Área social

- *Necesita ser el centro, llamar la atención* (su conducta nunca pasa desapercibida).

- La interacción con los demás suele estar caracterizada por un *comportamiento sexualmente seductor y provocador* ("caída de ojos", miradas insinuantes, movimiento de cejas, etc.; pero la conquista está seguida de huida).

- *Erotiza las relaciones interpersonales* (el placer está centrado en el juego seductor, no en concretarlo).

- *Le cuesta comprometerse con profundidad en los vínculos* (promete cosas que difícilmente vaya a cumplir; suele decir lo que haría en ciertas situaciones, pero en general no lo concreta; es bastante superficial).

- *Dependencia afectiva* (delega las decisiones importantes en el otro).

- *Influenciable* (por no confiar en sí mismo, suele actuar de acuerdo con lo que el otro dice).

- *Necesita aparentar más de lo que siente que es* (muestra imágenes que luego le cuesta sostener).

- *Tiende a interpretar personajes "prestados"* (le cuesta componer el personaje propio, imita gestos, frases, dichos, pensamientos ajenos).

Orden

- Texto que ocupa mucho espacio de la hoja. Desorganizada, confusa.
- Le cuesta llegar al margen derecho; le cuesta desprenderse del izquierdo. Márgenes variables.
- Desproporcionada (entre cuerpo medio, hampas, jambas y mayúsculas). Predominan zonas media y superior.

Dimensión

- Grande, sobrealzada, creciente.

Forma

- Mezcla de arcos y guirnaldas. Redondeada. Predominio de curvas. Complicada, artificiosa, extraña. Filiforme en el centro de las palabras. Original. Ángulos con interrupciones en zona de jambas.
- Coligamentos: en guirnaldas.

Velocidad

- Acelerada o precipitada, que puede lentificarse. Rápida, desigual.

Dirección

- Sinuosa. Serpentina. Cambios bruscos de dirección (ascendente-descendente).

Inclinación

- Grandes oscilaciones. Muy inclinada.

Presión

- Floja.
- Superficial.
- Relieve: bajo.
- Cegados. Empastadas las jambas y los óvalos.

Continuidad

- Cohesión desigual.
- Irregular.
- Lapsos de cohesión.

Gesto tipo

-Bucles, espirales (sobre todo, en trazos iniciales y finales), inflaciones.

Letras reflejas

- Mayúsculas encerradas, grandes, infladas.
- "t": barras grandes pero bajas.
- "m": predomina primera.
- "r": en general, curva; sin equilibrio de ángulos, predomina el de la iz-
quieda.
- "c": espirales.
- "i": punto en forma de círculo; en general, irregulares.
- Óvalos inflados, abiertos a la derecha.
- Trazo final de hampa que desciende debajo del renglón.
- "d": predominio de hampa (muchas veces, con bucles).
- "A": con predominio del lado derecho.

Firma

- Grande, destacada (sobre todo, el nombre). Mayúsculas recalcadas, cerca del texto, menor tamaño que el texto.
- Rúbrica complicada, destacada, sobresaliente.

Texto que ocupa mucho espacio de la hoja. Desproporcionada. Grande. Con arcos y guirnaldas. Rápida. Cambios de dirección. Superficial. Cohesión desigual. Bucles. Etc.

Trastorno: Se usa para indicar la presencia de un comportamiento o de un grupo de síntomas, identificables en la práctica clínica, que, en la mayoría de los casos, están acompañados de malestar e interfieren con la actividad normal del individuo.

Ansiedad

Definiciones

Del latín *"anxietas"* = congoja o aflicción.

Estado de padecimiento psicofísico que presenta manifestaciones de inquietud, inseguridad o temor.

La APA la definió como "aprensión, tensión o dificultad que surge por la anticipación de un peligro cuya fuente es desconocida".

DSM-IV: "La anticipación aprensiva de un futuro peligro o adversidad, acompañada por un sentimiento de disforía o síntomas somáticos de tensión. El foco del peligro anticipado puede ser interno o externo".

Simpson: "Una característica de la personalidad de responder a ciertas situaciones con un síndrome de respuesta al estrés".

El paciente ansioso anticipa un posible ataque a sus propósitos y sus objetivos, a su relación con otras personas, a su manera de enfrentar los problemas y desempeñarse adecuadamente.

Spielberg: "Un estado emocional displacentero, caracterizado por sentimientos de tensión, aprensión o preocupación y por activación del sistema nervioso autónomo… Emoción que, ante un desafío o peligro presente o futuro, desencadena una respuesta psicobiológica. Su función es la de realizar conductas apropiadas para superar dicha situación, y su duración está relacionada a la intensidad y a la posible resolución del problema que la motivó".

Ejemplo: se produce ansiedad cuando alguien tiene que hacer un estudio médico en un tomógrafo y, de pronto, se rompe el equipo y hay que aguardar dentro un rato hasta que lo arreglen.

Se pueden empezar a interpretar situaciones con posibles consecuencias o daños, y la ansiedad entra a descontrolarse.

Se produce, en general, ante un peligro poco claro de delimitar. Implica varias emociones y reacciones posibles (nerviosismo, preocupación, etc.).

Es un fenómeno más complejo que el miedo, aunque a veces lo abarca.

Síntomas que la acompañan: sensación de inseguridad, preocupación, dificultad para tomar decisiones, déficit en la concentración, olvidos.

Hablar rápido, voz entrecortada, tartamudeo, hiperactividad o parálisis, nerviosismo en demasía, excesos en comidas, bebidas o sustancias.

Palpitaciones, hipertensión, temblores, fatiga, mareos, eyaculación precoz, impotencia, micción frecuente.

Ansiedad normal

Podemos decir que la ansiedad es una respuesta normal, mientras se dé en un grado leve.

Sirve para ponerse en movimiento y actuar. De esa manera, se ponen en funcionamiento muchos proyectos o ideas.

También, frente a una amenaza, una situación incómoda, un estado de sufrimiento, temores, puede servir como una alarma que permite a la persona escapar de un peligro.

Hay situaciones que generan ansiedad: un examen, una entrevista laboral, hablar ante un auditorio, conocer gente nueva, asistir a algún evento importante, rendir cuentas ante un superior, etc.

Ansiedad patológica

Se transforma en patológica cuando ocurre de modo intenso, duradero y desproporcionado, interfiriendo negativamente en la vida laboral, social y familiar.

Cuando es severa, paraliza al individuo, transformándose en pánico.

Es una respuesta exagerada que puede llegar a resultar incapacitante para responder a las exigencias.

La persona ansiosa tiende a hacer interpretaciones catastróficas; en general, para señalar la presencia de un peligro o amenaza. Por lo común, se siente vulnerable, débil, propensa a que le pasen las cosas más terribles.

Se manifiesta como temor a fallar, vergüenza, desconfianza. Acompañan algunos síntomas físicos: palpitaciones, sudoración, náuseas, diarreas, etc. También se puede observar en la conducta, al comerse las uñas, morderse los labios, hacer sonar los nudillos.

Puede estar acompañada de angustia, miedo, irritabilidad.

Freud la concibe como una señal del yo ante un impulso inaceptable que está intentando pasar a la consciencia y, así, lograr descargarse. Esto provoca en el yo la utilización de mecanismos defensivos contra las exigencias que proceden del ello.

Si las defensas tienen éxito, la ansiedad disminuye. Pero, si fallan, el individuo genera síntomas neuróticos.

Se aplican entonces defensas como la regresión, el desplazamiento, la proyección, etc.

A través de éstas, los impulsos adquieren una expresión desviada, en los síntomas fóbicos u obsesivos compulsivos, según la historia de cada uno.

Cuando la ansiedad aparece como el único síntoma, y si alcanza umbrales por encima de lo esperable, puede surgir en toda su intensidad, en forma de ataque de pánico.

La desadaptación depende del tipo de conflicto del cual forma parte. Las experiencias infantiles del sujeto, que modelaron su estructura psíquica, con la que como adulto enfrenta el mundo, será esencial en el armado ésta. Las amenazas del ambiente, los conflictos y los traumas que la persona lleva consigo alteran el equilibrio psíquico y movilizan la ansiedad, la que a su vez reclama las diversas defensas del yo.

Las teorías psicoanalíticas diferencian cuatro modalidades de ansiedad:

- *Ansiedad del super yo:* comprende los sentimientos de culpa, el temor a ser criticado o a fallar ante las expectativas del otro significativo.

- *Ansiedad de castración:* la que se produce por temor a disminución de la capacidad personal; se siente que falta una parte que no se puede sustituir.

- *Ansiedad de separación:* temor a la pérdida de algún vínculo afectivo significativo.

- *Ansiedad impulsiva o del ello:* temor a perder el control de los impulsos y a no controlar la agresión.

La ansiedad va acompañada de angustia. El ir de un lado a otro sin parar ayuda a evitar (aunque sea temporalmente) la aparición de la angustia, que está en la puerta de entrada.

Se tolera más ansioso que angustiado. Por eso no para: cuando frena, lo invade la angustia.

Otras sensaciones ligadas a la ansiedad

Angustia

Las palabras *"angor"*, *"angina"*, *"angustia"* provienen de la misma raíz griega, y luego latina, que significa: estrangulamiento, constricción, sofocación, estrechez; se refieren a la sensación de opresión precordial con desasosiego, que domina el cuadro.

Es una manifestación afectiva que se presenta como un temor a lo desconocido. En la angustia, no hay un objeto al que se le teme.

La angustia se siente en el cuerpo (por ejemplo, dolor el pecho), cosa que con la ansiedad no pasa.

Hay un gran temor a la muerte y a perder el control de uno mismo.

Angustia normal

Son inquietudes sobre cómo manejarse en el presente o con relación al futuro inmediato. Desaparecen al resolverlas.

Angustia patológica

Es excesiva en intensidad, de larga duración, tiende a persistir, hace ver el futuro cargado de posibilidades negativas. Restringe, de ese modo, el desarrollo personal, y resulta desadaptativa en relación con los requerimientos del ambiente.

Angustia existencial

Surge como consecuencia de las inquietudes filosóficas del individuo; por ejemplo, su ubicación el mundo, su posición ante la nada o ante la muerte.

Deriva del conflicto existencial de todo hombre y su temor a la muerte.

La ansiedad y la angustia pueden ser mal manejadas y generar otros cuadros, como los siguientes.

Estrés

Es la traducción española del término original inglés *"stress"*, que significa constricción, fuerza impulsora o esfuerzo y demanda de energía.

Este idioma lo ha tomado del latín, donde significa "estrechar o constreñir" (tiene semejanza con la palabra "angustia").

Es el resultado de exigencias, demandas, tensiones y agresiones a las que es sometido un organismo humano, en forma aguda o crónica. Esto produce respuestas fisiológicas y psicológicas, a través de diferentes síntomas.

Los agentes estresantes pueden ser internos o externos:

- Exceso de calor, frío, ruido, actividades físicas, dolor, enfermedades somáticas.

- Éxitos o fracasos personales, frustración, insatisfacción y ausencia de objetivos, situaciones de cambio vital (recibirse, retirarse, jubilarse, separarse, enviudar, etc.).

- Desaveniencias conyugales, pérdida de la autoridad, insatisfacción, desocupación, ingresos insuficientes, aglomeraciones, pobreza, marginación social, etc.

El estrés es una perturbación del equilibrio interno que provoca una respuesta, a través de la actividad simpático-adrenal, para restaurarlo.

Pasó a ser visto como una respuesta de adaptación.

Cuando las demandas del entorno son excesivas, intensas, se supera la capacidad de resistencia y adaptación del organismo, y se llega al estrés.

En el punto de máxima saturación, cualquier estímulo extra provoca alteraciones, enfermedades, estados de angustia intensa. El organismo deja de lado sus intentos de adaptación. Todo problema resulta grande, y no se encuentra la energía necesaria para enfrentarlo.

Las demandas sobrepasan los recursos, y las acciones que se intentan fracasan.

El estrés genera ansiedad, irritación, insomnio, alteraciones del humor, disminución del rendimiento, cansancio permanente.

Se siente una sensación de ser vulnerable y de no tener fuerza para enfrentar nuevos problemas.

Miedo

Reacción defensiva instantánea frente a un peligro.

Ciertos miedos son comunes en determinados momentos del desarrollo. Se pueden transformar en fobias si originan una incapacidad funcional importante.

La distinción entre un miedo común y una fobia es la medida en que esta última altera la vida cotidiana.

La fobia se define por la incapacidad que origina y porque hace vivir pendiente de evitar el objeto o la situación temida.

Por ejemplo: hay miedo cuando alguien cruza la calle, y oyen un bocinazo y una frenada cerca; es un objeto identificable ante el que se reacciona.

Pánico

Sensación de miedo muy intensa, con impresión de descontrol, de desvanecimiento o de muerte inminente, que se presenta de manera súbita

La ansiedad que no logra ser bien manejada o canalizada termina buscando alguna forma de salida y encuentra, entre otros modos, alguno de los que vamos a describir ahora.

Vamos a ocuparnos de los trastornos de ansiedad generalizada, las fobias y los trastornos obsesivos-compulsivos.

TRASTORNO DE ANSIEDAD GENERALIZADA

Definición

Son personas en las que cualquier estímulo puede desencadenar la respuesta de ansiedad. Viven con una preocupación excesiva e irracional respecto de una amplia gama de áreas (trabajo, estudio, pareja, etc.). Se da durante un tiempo mínimo de seis meses.

Generalidades

La persona padece de preocupaciones excesivas durante la mayor parte del tiempo. Puede preocuparse por quedarse sin dinero, aun cuando su economía esté bien; siente temor de que alguien se enferme a pesar de estar sano, etc.

Suele sentir que todo lo que la rodea es algo peligroso, por lo que mantiene un estado de alerta permanente por la posible aparición de ese peligro fantaseado; se carga de un estado de ansiedad que se torna intolerable. Interpreta de manera negativa sucesos que son comunes en cualquier persona normal.

En general, estas personas provienen de familias con una alta carga de ansiedad, en la que todo se veía como problemático y, muchas veces, recurrían a medicamentos para contrarrestarlo.

El estrés, los problemas emocionales, laborales, etc., suelen exacerbar la ansiedad. La preocupación lleva a agotamiento, cansancio, insomnio.

Suele preceder a estados depresivos mayores. Si no se logra controlar, es probable que, a una edad avanzada, se padezca dicha patología.

Características psicológicas

Área intelectual

- Tienen cadenas de *pensamientos cargados de emoción negativa*, que suelen interpretar consecuencias catastróficas.

- *Se preocupan de manera permanente por todo lo que puede salir mal.*

- *Dificultad de concentrarse* en otras cosas que no refieran a lo que temen.

- *Preocupación por cuestiones irreales,* temor a perder el control de su mente.

- *Se alteran excesivamente por hechos menores.*

- *Dificultades de memoria* (por la dificultad de concentración).

- *No pueden mantener la mente en blanco* (siempre tienen una preocupación en la cabeza).

- *Hiperalerta* ante la posible aparición de una preocupación.

- *Ideas obsesivas y rumiantes.*

Área afectiva

- *Inquietud* (nunca están tranquilos).

- *Impaciencia* (desean todo ya).

- *Se fatigan con facilidad* (gastan gran parte de su energía en pensar las catástrofes que van a acontecer).

- *Nerviosos* (siempre están preocupados y alterados).

- *Incapacidad de controlar la ansiedad.*

- *Irritabilidad* (están a la defensiva y agresivos; se enojan por cualquier cosa).

- *Depresión* (fondo de tristeza).

- *Dudas e incertidumbres permanentes* (les cuesta tomar decisiones y sostenerlas).

Área social

- *Alteración de las relaciones sociales* (la energía se gasta en las preocupaciones).

- *Pierden muchos días de trabajo* (concurren con frecuencia a los centros de salud).

Orden

- Desorganizada, confusa.
- Márgenes desordenados.
- Margen derecho e inferior grandes

Dimensión

- Mediana a grande.

Forma

- Filiforme, original.
- Difícil legibilidad.

Velocidad

- Rápida, acelerada, precipitada, desigual.

Dirección

- Ascendente.

Inclinación

- Grandes oscilaciones. Muy inclinada.

Presión

- Floja.
- Superficial.
- Relieve bajo.
- Retoques. Subrayados frecuentes.

Continuidad

- Ligada.
-Irregular.

Letras reflejas

- Deforma las letras, pierden su forma completa. Repetición de palabras o letras.

Firma

- Ilegible. Diferencias firma-texto.

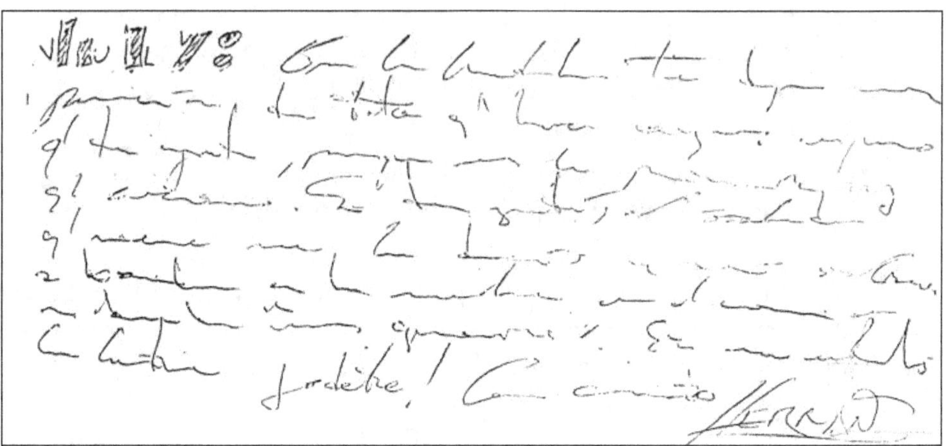

Escritura desorganizada, confusa, filiforme, ilegible, precipitada; oscilaciones en la inclinación. Las letras no tienen forma.

Neurosis fóbica

(Según DSM-IV: fobia específica.)

Definiciones

Miedo irracional y desproporcionado que la persona siente cuando debe conectarse con ciertos objetos o enfrentar situaciones.

El temor puede ser desencadenado por algún objeto específico (por ejemplo, animales, insectos, etc.), que en general no resulta riesgoso, pero que al sujeto lo paraliza y no le permite reaccionar.

Según DSM-IV: "Temor acusado y persistente que es excesivo e irracional, desencadenado por la presencia o anticipación de un objeto o situación específicos (por ejemplo, aviones, animales, inyecciones, sangre, transporte público, puentes, etc.).

La exposición al estímulo fóbico provoca casi invariablemente una respuesta inmediata de ansiedad, que puede tomar la forma de crisis de angustia situacional o más o menos relacionada con una situación determinada.

Los comportamientos de evitación o el malestar provocado por la situación temida interfieren en la rutina normal de la persona, con las relaciones laborales o sociales y provocan malestar significativo".

Otros tipos de fobia: *fobia social, agorafobia.*

Se conduce con alguno de los siguientes *síntomas físicos*: palpitaciones, sudoración, sensación de ahogo, falta de aliento, temor a atragantarse, opresión torácica, náuseas, molestias de estómago, inestabilidad, mareos, sensación de desmayo, temblor, sacudidas, irritabilidad, etc.

Se diferencia del *ataque de pánico* en que este temor no tiene un objeto específico que lo provoque, sino que en general son producto de desbordes por estrés.

Según el DSM-IV: "Aparición temporal y aislada de miedo o malestar intensos, acompañados de síntomas, que se inicia bruscamente y alcanza su máxima expresión dentro de los primeros 10 minutos".

Generalidades

Las fobias son producto de una excesiva sobreprotección materna en la infancia, acompañada de identificaciones con padres temerosos e inseguros. No han llegado a superar el complejo de Edipo del que habla Freud.

El caso Juanito, que detalla Freud cuando comienza a pensar las fobias, es un ejemplo típico.

Juanito tenía fobia a los caballos (fines de 1800, principios 1900, cuando el caballo era un medio de transporte), por lo cual está encerrado en su casa, al temer encontrarse con alguno en la calle.

Puso en funcionamiento dos mecanismos típicos de la fobia: la proyección y el desplazamiento. Desplaza sobre el caballo el odio que sentía con su padre por la posesión de la madre. Juanito, en realidad, estaba enojado con su padre.

Como con su papá jugaba a los caballos, hace una proyección y un desplazamiento de su figura a la del caballo, lo que le permite poder vincularse con el padre, porque el odio está puesto sobre el animal. El temor es a que el caballo pueda vengar esa bronca proyectada sobre él. Ante esa dificultad, no sale de la casa como reaseguro.

Características psicológicas

Área intelectual

- *Escaso desarrollo* (debido a los temores, no desarrolla todas las potencialidades que posee).

- *Poca practicidad* (por estar en permanente gasto de energía vinculada a los temores).

- *Memoria* (relacionada con los temores; tiene en mente hasta el más mínimo detalle en relación con la preocupación).

- *Atención selectiva* (relacionada con el temor: si teme las cucarachas, estará todo el tiempo atento al lugar de donde pueda salir alguna).

- *Bajo nivel de rendimiento* (pocas son las producciones que puede llevar adelante).

- *Intuición* (las sensaciones están a flor de piel, por ello razona poco y siente mucho).

- *Lee la realidad de forma negativa* (siente que todo le va a salir mal).

Área afectiva

- *Ansiedad* (exponerse al estímulo fóbico la despierta, acompañada de una gran angustia).

- *Miedo excesivo e irracional* (el temor no tiene relación con el objeto que lo provoca).

- *Conductas de evitación* (trata de no estar en contacto con aquello que le produce miedo; por ello, deja de hacer muchas cosas que podría).

- *Dificultad frente a los cambios* (se aferra a lo conocido, porque lo desconocido produce un mayor nivel de temor).

- *Inseguridad* (se siente vulnerable, impotente, más débil que los demás).

- *Inmadurez* (no evoluciona emocionalmente; su necesidad de cuidado no lo deja crecer adecuadamente).

- *Conflictos sexuales* (como consecuencia de su escaso desarrollo emocional).

- *Sensación de desamparo y soledad* (se siente indefenso y desprotegido).

- *En el fondo, experimenta temor a volverse loco.*

Área social

- *Dificultades en sus relaciones interpersonales* (se limitan sus relaciones sociales; sólo se relaciona con aquellos con los que se siente protegido).

- *Las situaciones sociales despiertan una gran angustia* (por ejemplo, ir a reuniones donde hay gente desconocida).

- *Dependencia* (busca relaciones que le generen seguridad y pasa a depender de ellas).

- *Busca acompañantes contrafóbicos* (personas con la que se siente segura y con las que se anima a hacer lo que teme; por ejemplo, subir al ascensor).

- *Introversión* (se mete en su mundo interno).

- *Aislamiento* (se separa del entorno, al cual teme).

Orden

- Espaciada, tiende a ocupar poco espacio de la hoja. Mucho espacio en blanco. Más fondo que figura. Puede concentrar letras o palabras.
- Excesivos márgenes derecho e inferior. Chimeneas, fantasmas. Pegado a margen izquierdo. Llegan a apretar el escrito contra el margen superior y dejar el resto de la hoja en blanco.
- Zona inferior pequeña. Predomina zona media.

Dimensión

- Pequeña, baja, contenida.

Forma

- Imprenta. Mezcla ángulos y guirnaldas. Filiforme.

Velocidad

- Rápida a precipitada o muy lenta.

Dirección

- Descendente, desigual, sinuosa, serpentina.

Inclinación

- Invertida.

Presión

- Floja.
- Superficial.
- Ligera.
- Relieve bajo.

Continuidad

- Desligada.
- Regresiva.

Letras reflejas

- "t": barra cambiante, pequeña a la izquierda.
- "s": cerrada.
- "d": hampa corta.
- "g": jamba corta, achatada, sin bucle.
- "r": en forma de "i".
- Óvalos cerrados, inflados.
- "A": predominio de lado izquierdo.
- "D": estrecha.

Firma

- Más pequeña que el texto, hacia el medio o la izquierda.
- Rúbrica encerrada y con movimientos invertidos.

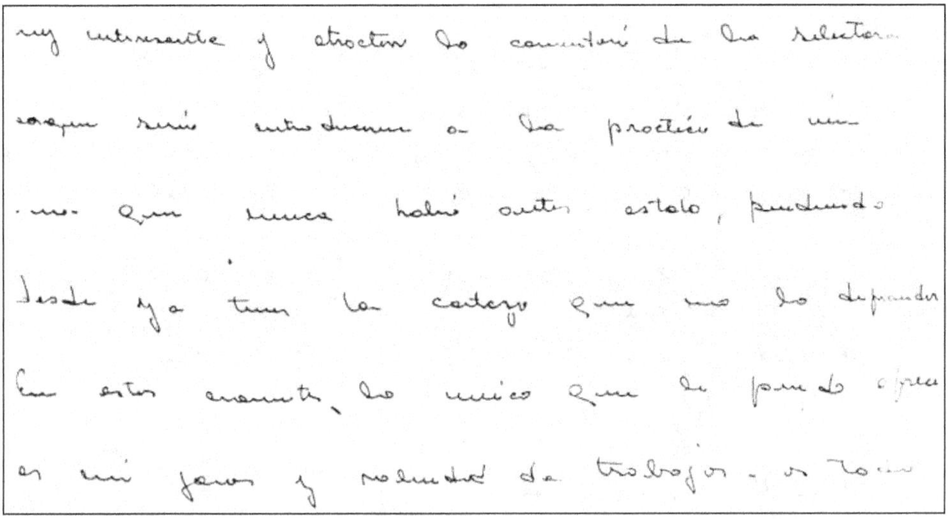

Espaciada. Mucho espacio en blanco. Más fondo que figura. Pequeña. Baja. Rápida. Invertida. Floja. Superficial. Relieve bajo, etc.

Neurosis obsesiva

(Según el DSM-IV: Trastorno Obsesivo Compulsivo-TOC.)

Definición

Es una problemática psíquica que se manifiesta por ideas obsesivas, compulsión a realizar actos que el sujeto no desea, pero que, si no los lleva adelante, es invadido por ansiedad y angustia excesivas.

Padece de rumiación mental, dudas, escrúpulos, indecisiones, que frenan su accionar.

El DSM-IV la define como "un patrón general de preocupación por el orden, el perfeccionismo, y el control mental e interpersonal, a expensas de la flexibilidad, la espontaneidad y la eficiencia, que empieza al principio de la edad adulta y se da en diversos contextos".

Síntomas

- *Obsesiones* (ideas que no se puede sacar de su mente).

- *Compulsiones* (se siente obligado a realizar acciones que no desea pero, si no las hace, la ansiedad lo desborda; por ejemplo, lavarse las manos muchas veces en el día).

- *Rituales* (conductas que se repiten religiosamente de acuerdo con una secuencia determinada, que no se puede variar de ninguna forma).

- *Necesidad de ejercer control* (sobre situaciones, personas, etc.).

Generalidades

De tanto control que quiere tener sobre todas las cosas, se desborda de exigencias y responsabilidades; su ansiedad se pasa del límite normal y necesita canalizarla de alguna manera. Allí pueden aparecer las compulsiones (por ejemplo, ver si cerró bien la puerta) para bajarla; pero fracasa y debe repetir muchas veces más, sin poder frenar su conducta.

Pueden darse muchos tipos de obsesiones; por ejemplo, realizar cálculos mentales, pronunciar palabras obscenas en la mente, preocuparse por una colocación simétrica de los objetos; pensamientos con relación a la paternidad, el más allá, lo divino, el sexo, la religión, etc.

Las compulsiones más típicas son: lavado de manos, limpieza del hogar, comprobar las llaves de luz, gas, etc.; verificar el haber cerrado la puerta; movimientos como tocar, saltar, balancearse, etc.

Su rigidez es producto de un carácter formado por una fijación en la etapa sádico-anal del desarrollo, donde se dan la contención esfinteriana, y el control y el dominio de la musculatura.

En la problemática del obsesivo, la figura del padre adquiere un papel central; en torno a ella, se desarrolla una intensa ambivalencia en el sujeto, trasladándose luego al superyó. El padre es quien prohíbe el goce sexual, el que amenaza con la castración. El superyó, a consecuencia de su regresión, incrementa su sadismo, que se expresa en su severidad y su rigor, y reprocha cruelmente al yo. Hay una necesidad desmedida de hacer las cosas sin cometer errores

Características psicológicas

Área intelectual

- *Predominio de lo intelectual* (son de mucho pensamiento lógico y poca expresión emocional).

- *Mayor pensamiento que acción* (piensan más de lo que hacen).

- *Creatividad limitada* (son buenos copistas, pero carecen de originalidad).

- *Rigidez de pensamiento* y obstinación (les cuesta apartarse de lo que piensan; se aferran a algo y no hay forma de que no lo lleven adelante).

- *Precisión* (no dejan nada librado al azar).

- *Meticulosidad* (están en cada detalle).

- *Información reducida en el hablar* (sólo dicen lo necesario).

- *Tendencia a la definición* (tratan de hacer entender lo esencial de lo que quieren decir).

- *Mayor atención al contenido que a la forma* (no pierden tiempo en lo superfluo).

- *Habilidad para desarticular el pensamiento ajeno* (en base a sus argumentos lógicos; pero es una lógica "propia").

- *Omnipotencia de las ideas* (creen que las cosas pueden pasar por el solo hecho de pensarlas).

- *Pensamientos intrusos* (sobre el bien, el mal, etc.).

- *Tendencia a la síntesis* (deben ordenar en una idea todo lo que está "suelto").

- ***Orden****, organización* (nada realizan sin un previo análisis).

Área afectiva

- *Estructuración* (todo en su vida está pensado y calculado).

- *Perfeccionismo* (que interfiere con la finalización de las tareas).

- *Dedicación excesiva al trabajo y la productividad* (con disminución de las actividades de ocio y las amistades).

- *Dificultad de adaptación los cambios* (por la rigidez).

- *Incapacidad para desechar los objetos inútiles* (incluso cuando no tienen un valor sentimental).

- *Excesiva terquedad* (inflexibilidad en temas de moral, ética o valores).

- *"Amor" a las listas para hacer las cosas* (todo debe estar escrito, y con una secuencia lógica).

- *Dificultad en la expresión de los sentimientos* (no tienen espontaneidad).

- *Intelectualizar los afectos* (en vez de decir lo que sienten, explican lo que piensan).

- *Represión afectiva* (bloqueo para expresarse).

- *Avaricia* (en los gastos para ellos y para los demás; el dinero y las cosas se acumulan por temor al futuro difícil que imaginan).

- *Sentimientos de culpa* (suelen no perdonarse las equivocaciones).

- *Intolerancia a la frustración* (les cuesta aceptar que las cosas no salgan como las habían proyectado).

- *Tenacidad, constancia, perseverancia* (cuando se ponen un objetivo en la mira, no se detienen hasta conseguirlo).

- *Espíritu autocrítico* (superyó severo).

- *Dificultad para tomar decisiones* (por las dudas permanentes que los invaden).

- *Prudencia* (cuando actúan, no hacen acciones de más).

Área social

- *Se aferran a las normas y las respeta al extremo* (por su rigidez).

- *Control sobre los otros* (les gusta que los demás se manejen de acuerdo con lo que ellos creen que deben hacer).

- *Les gusta mandar, ser líderes* (y que los demás los sigan).

- *Reacios a delegar* (tareas o trabajos en otros, a no ser que éstos se sometan exactamente a su manera de hacer las cosas).

- *Necesidad de reconocimiento* (necesitan que se los reconozca como superiores y necesarios).

- *Crítica activa hacia el otro* (el otro nunca cubre las expectativas ideales que tienen puestas en él).

- *Introversión* (son más bien reservados y de pocos amigos).

Orden

- Clara, organizada, compacta, muy metódica.
- Márgenes ordenados; margen izquierdo rígido y más pequeño que el derecho. Chimeneas.
- Predominio de zona superior, sin que haya desproporciones marcadas, con bucle más bien estrecho. Jambas cortas.

Dimensión

- De pequeña a muy pequeña. Contenida, apretada, estrecha.

Forma

- Tipográfica, caligráfica, con ángulos. Predomina la forma sobre el movimiento.

Velocidad
- Lenta.

Dirección

- Horizontal (puede llegar a ser rígida).

Inclinación

- Tendencia a ser recta. Puede presentar un escrito con pequeñas oscilaciones a derecha o izquierda.

Presión

- Tensión mediana a firme.
- Profundidad mediana a profunda.
- Ligera.
- Retocada, tachaduras y enmiendas de cualquier tipo.

Continuidad

- Ligada. Corte al principio de la palabra.
- Regular.

Gesto tipo

- Espirales.
- Predominio de movimientos verticales sobre horizontales.
- Puntos iniciales inútiles, de origen caligráfico.
- Finales acerados, descendentes, apoyados, cortos.
- Poner puntos y acentos después de escribir.
- Subrayados.

Letras reflejas

-"t": barra alta, a ¾, centrada, hacia la derecha, corta o doblemente barrada; hacia abajo o hacia arriba; con hampa recta y firme; base angulosa.
- "d": caligráfica; hampa alta.
- "f": predominio de zona superior.
- "g": zona inferior corta, estrecha, con poco bucle.
- "i": punto colocado con precisión, a veces bajo.
- "m": primera hampa, más pronunciada.
- "p": le cuesta el movimiento curvo.
- "r": predominio del ángulo de la izquierda.

- "s": ángulo en la parte superior, cerrado en la base.
- "Óvalos": cerrados o abiertos a la izquierda; pinchados, aplastados.

Firma

- Clara, pequeña. Destaca el apellido sobre el nombre. Bien ubicada en relación con el texto. Coherencia entre texto y firma. Reducida a las iniciales, colocadas bajo el texto a la izquierda. Con punto final.
- Rúbrica que parte de la primera letra, dando base a la firma. Regresiva, con tendencia a encerrarse. Con inicial.

Escritura clara, organizada, compacta, muy metódica. Márgenes ordenados. Mediana. Caligráfica. Predominio de forma sobre movimiento. Horizontal. Ligada, etc.

◆ TRASTORNOS NARCISISTAS DE LA PERSONALIDAD

NARCISISMO

Definiciones

Se trata de una persona que vive centrada en sí misma, sin poder ver más allá de sus deseos y sus necesidades.

Sólo busca su propio beneficio. Reconoce como verdad sólo lo que él piensa o siente en relación con las cosas, Lo que sucede en el exterior carece de importancia.

Suele mostrarse importante, pretencioso, orgulloso, arrogante, con una gran necesidad de ser admirado. Tiene dificultades para ponerse en el lugar del otro.

Rubín dice: "El narcisista se convierte en su propio mundo y a su vez cree que el mundo entero es él".

No se cree mejor, sino *el* mejor. "Tienen necesidad de ser perfectos y de que los demás también los consideren perfectos".

Según el DSM-IV: "Un patrón general de grandiosidad (en la imaginación o en el comportamiento), una necesidad de admiración y una falta de empatía, que empiezan al principio de la edad adulta y que se dan en diversos contextos".

Generalidades

El término surge de Freud, a partir del mito de Eco y Narciso.

Eco tenía la maldición de la diosa Hera, que la condenó a que sólo pudiera repetir las últimas palabras que otros pronunciaran.

Se encuentra con Narciso y se enamora perdidamente de él. Pero no podía expresarle cuánto lo amaba con palabras, y quiso demostrarlo con entrega y pasión. Pero Narciso le expresó: "No pensarás que te amo". Allí Eco pudo repetir: "Te amo, te amo". Narciso desapareció, altanero. Eco pensó y deseó que los dioses lo castigaran a él, cuando se enamorase, con el mismo sufrimiento que padecía ella por su amor.

Némesis, la diosa de la venganza, escuchó el ruego de aquel pensamiento sin voz y, como castigo, condenó a Narciso a una inmensa sed.

Esto lo llevó a pasear por la orilla del riachuelo más claro y transparente, y al ir a beber, se vio reflejado en las aguas.

Al verse, quedó enamorado al instante de su propio ser. Se desesperaba por querer amarse y poseerse. Y se quejó a los dioses por su cruel castigo, porque nunca iba a poder poseerse y morir por él, sin arrastrar su vida.

Quiso atrapar con sus brazos la imagen amada. Así, los rayos del sol, las hojas y las mariposas lo convirtieron en una flor. Narciso no estaba enamorado de sí mismo, sino de su imagen.

Desde el nacimiento, se establecen relaciones únicamente con la madre (relación simbiótica).

La madre provee, nutre, alimenta. El padre todavía no cumple con el rol esperable de poner un corte a esa relación. Por ello, en el caso del narcisimo, se habla de una patología preedípica. No se llegó a la etapa del complejo de Edipo.

Cuando alguien queda fijado en esa relación simbiótica, la patología va a ser más grave que una neurosis.

El niño completa a la madre, y la madre completa al niño con su presencia. Se prescinde del padre como figura de ley. No hay incorporación de un tercero.

Se da un vínculo con una madre que no deja crecer, no pone límites precisos, no deja definir una identidad clara en el hijo.

Producto de esta falta de diferenciación con la madre, se ha generado un tipo de persona que no ha logrado separarse e individuarse (ver Mahler).

Son patologías en las que el sujeto no pierde el sentido de realidad, pero no toma conciencia de su propia identidad, no sabe bien quién es, y esto lo hace sentir muy inseguro.

No se trata sólo de conflictos, sino también de carencias (déficit) en la estructuración de la personalidad. El *sí mismo* (la persona que uno cree, desea o espera ser) no se ha configurado.

Kohut considera que la angustia de desintegración (sensación de desamparo psíquico) es la angustia central en esta problemática.

Luis Horstein, en su libro *Narcisismo. Autoestima, identidad, alteridad,* dice: "En la patología narcisista, parecen preocuparse sólo por ellos y su imagen especular; pero, generalmente, está dañada y en peligro de desaparecer. Presentan en general una imagen persecutoria y borrosa. Esto los lleva a aferrarse a sí mismos y a su mundo interno para mejorar o proteger esa visión".

La pregunta permanente que se hacen es: "¿Cuánto valgo yo?" Se aferran a aquel que refleja su importancia, y se alejan cuando se sienten amenazados en su frágil equilibrio.

Cada patología presenta diferentes tipos de conflictos:

- *Neurosis*: conflicto entre el yo (defensa) y el ello (deseo).

- *Narcisismo:* conflicto entre el yo (realidad) y el superyó (ideales a alcanzar).

- *Psicosis:* conflicto entre el yo (realidad) y el mundo externo (transformación de la realidad como producto de ideas delirantes).

Características psicológicas

Área intelectual

- *Está preocupado por fantasías de éxito, poder, brillantez, perfección imaginarios.*

- *Pensamiento confusional* (expresiones del tipo "no sé", "no entiendo", "vaya a saber por qué pasó", etc.).

- *No está alterada la inteligencia* (no es un problema de capacidad intelectual).

- *No pierde el contacto con la realidad* (sabe dónde está parado).

- En general, *habla con un lenguaje artificial, vacío, como si fuera una máquina* (con poco contenido afectivo).

Área afectiva

- *Exagera su importancia personal* (por ejemplo, agranda sus logros y sus capacidades; espera ser reconocido como superior, sin unos logros proporcionados).

- *Exige una admiración excesiva* (si no es admirado, se siente desvalorizado y no reconocido, y se aísla).

- *Presenta comportamientos o actitudes arrogantes o soberbias* (por creerse superior a los demás).

- *Libido volcada hacia su persona* (toda la energía se vuelca hacia sí mismo).

- *Déficit en la configuración de la identidad* (no sabe bien quién es, ni que quiere para sí mismo).

- *Se maneja en situaciones polares* (todo o nada, es el mejor o el peor, no hay posibilidades intermedias).

- *Ansiedades hipocondríacas* (siente vulnerable su cuerpo).

- *Le cuesta tener un registro real de su propio cuerpo* (se ve deformado por no ser perfecto o hermoso).

- *Presenta un fondo de tristeza* (por la insatisfacción permanente en la que vive).

- *Alexitimia* (dificultad para darse cuenta de las emociones que siente; no las reconoce del todo).

Área social

- *Dificultad de registrar y analizar lo que pueda pasarle al otro* (no puede reconocer los sentimientos y las necesidades de los demás).

- Frecuentemente, *envidia a los demás o cree que los demás lo envidian a él* (vive pendiente de lo que el otro tiene o hace).

- *Cree que es especial y único, y que sólo puede ser comprendido por gente de su mismo nivel de inteligencia* (sólo lo entienden los que comparten profesión o valores).

- *Se sitúa por encima de los demás, de manera arrogante* (espera que se lo reconozca como superior).

- *Suele sacar provecho de los demás para alcanzar sus propias metas* (el otro es tenido en cuenta en la medida en que es útil para lograr metas personales).

- *Es excesivamente demandante* (cree que los demás deben estar a su disposición).

- *Establece vínculos de dos o de cuatro* (para hacer alianzas, no le gustan los vínculos de a tres, por el temor de quedar afuera de una posible coalición).

- *Pendiente de cuánto valor le otorga el otro* (eso lo ayuda a definir su identidad).

- *Es muy pretencioso* (quiere recibir un trato especial y que se cumplan automáticamente sus expectativas, ya que se cree especial y diferente).

- *Establece vínculos de excesiva dependencia* (espera todo del otro).

Dentro de los trastornos narcisistas, se encuentran las psicopatías, las perversiones, las adicciones (droga, alcohol, etc.), las personalidades infantiles, las *borders* (trastorno límite de personalidad), las hipocondrías, la bulimia, la anorexia.

GRAFOLOGÍA

Orden

- Concentrada. Ocupa todo el espacio de la hoja.
- No respeta los márgenes (en general, ausentes).
- Predominio de la zona superior.

Dimensión

- Grande. Sobrealzada.

Forma

- Complicada. Con ornamentos. Ángulos. Redonda.

Dirección

- Ascendente, sinuosa.

Inclinación

- Invertida.

Presión

- Firme.
- Profunda.
- Robusta.
- Relieve alto.

Continuidad

- Desligada, desigual.
- Regresiva.

Gesto tipo

- Espirales. Bucles. Lazos. Inflación.
- Trazos iniciales largos. Trazos finales cortos, ausentes o regresivos.

Letras reflejas

- "g": con zona inferior grande.
- Óvalos: abiertos a izquierda o cerrados. Con doble anillo.
- Mayúsculas grandes.
- Barras de "t" altas, ascendente.

Firma

- Grande. Complicada. Ilegible. Predominio de nombre sobre apellido, con final a la izquierda.
- Rúbrica envolvente.

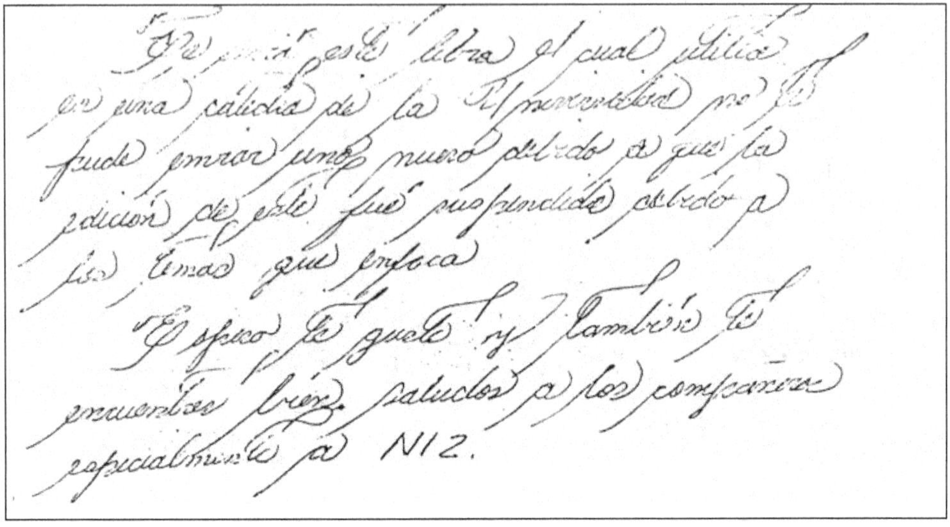

Concentrada. Ocupa mucho espacio de la hoja. Complicada. Regresiva. Espirales. Bucles. Trazos iniciales largos, etc.

PSICOPATÍAS

(Según DSM-IV: trastorno antisocial de la personalidad.)

Definiciones

Es una de las estructuras más típicas del narcisismo.

El individuo presenta serias perturbaciones en su conducta, sin que se le encuentre desconexión de la realidad.

Es una persona con dificultad de integración social, que no se compromete en vínculos emocionales profundos con las personas.

Produce comportamientos reñidos con adaptación social, la ética o la moral, sin generarle ningún tipo de remordimiento.

Hay tres rasgos que marcan su característica central: *faltan límites* en su conducta (no hay nada que frene aquello que tienen en mente), *no siente culpa* por las conductas que lleva adelante (carece de remordimiento por las cosas que hace; es indiferente cuando daña o maltrata a otro), *no experimenta angustia* por conductas que, en personas normales, si la producirían.

Podemos hablar de leves, moderados y graves; desde simples conductas de desadaptación social a actos de violencia para lograr sus metas.

Según el DSM-IV: "Un patrón general de desprecio y violación de los derechos de los demás, que se presenta a la edad aproximada de 15 años en adelante".

Según la Asociación Psiquiátrica Americana: "Una persona cuya conducta es predominantemente amoral y antisocial, se caracteriza por sus acciones impulsivas e irresponsables, encaminadas a satisfacer intereses inmediatos y narcisistas, sin importar las consecuencias sociales, sin demostrar culpa, ni ansiedad".

Generalidades

La personalidad psicopática es producto de una historia en la que se produjo una carencia de límites dentro del núcleo familiar primario.

Una madre que idealizó de manera desmedida a su hijo, no hubo freno a sus deseos y, en general, con una total falta de afecto en sus manifestaciones. La figura paterna, débil o ausente, no cumplió su función de corte, de introducción de la ley. Por ello, la carencia de normas sociales y pautas de convivencia.

En muchos casos, el niño pasó a ocupar roles paternos, desplazando a alguna de las figuras de autoridad. En esa familia, muchas veces se daba que los padres temían al hijo por sus reacciones, por lo cual no había que contradecirlo, para que no reaccionara con violencia.

Aprende que puede hacer lo que quiere, que no va a ser reprendido, que sus deseos, en general, van a ser satisfechos y que, de no ser así, causando miedo en el otro, se va a salir con la suya.

Al carecer de límites, no hay evolución ni maduración. Su conducta está manejada por su ello, sin ninguna adaptación a la realidad.

Su cerebro incorpora como aprendizaje estas pautas de funcionamiento y las lleva al mundo externo, convencido de que las cosas deben ser así.

Comienza por tener inconvenientes en la escuela, ya que la falta de pautas hace que no se adapte a las reglas que quieren imponerle.

Los padres suelen apoyar la mirada desviada de los hijos: van a la institución a quejarse de que la maestra o las autoridades están equivocadas y en contra de su niño.

Luego, tiene problemas a nivel laboral, no se adapta a trabajos en relación de dependencia; al poco tiempo, tiene conflictos con su jefe, cuando este quiere imponer reglas. Suele durar poco tiempo en ellos y cambiar permanentemente.

Si trabaja por su cuenta, tiene éxito en sus emprendimientos pero, por su falta de constancia o por su desadaptación social, produce conductas que hacen que pierda todo lo que consiguió. Ese circuito se puede repetir varias veces: nuevo éxito y nuevo fracaso. Pasa de un gran nivel de vida a quedarse sin nada en un lapso de tiempo relativamente brev.

Ejemplo: una persona con gran éxito laboral, como proveedor de productos de electricidad. Estafa a algunos clientes. Al tiempo, se le cierra el mercado de esos productos, ya que todos los comerciantes se informan de su peligrosidad. Así, pierde todo lo que había conseguido y tiene que estar mucho tiempo sin trabajar.

Luego, comienza a vender productos de frigorífico a supermercados, logra éxito, genera dinero, hasta que estafa a varios supermercadistas y vuelve a repetir el ciclo.

Va cambiando de rubro, porque no puede permanecer en uno, ya que, al tiempo de conocerlo, le cierran las puertas.

En las relaciones de pareja, pasa algo similar: están al lado de alguien mientras les sirve para alguna finalidad, y lo abandonan al perder su objetivo. Sus relaciones son inestables y temporales.

Con los hijos, suelen no tener un compromiso afectivo, se van alejando en la medida en que son cuestionados o se les exigen obligaciones (económicas, horarios, salidas, etc.).

Las amistades duran lo que sus necesidades o deseos. Una vez que no les pueden sacar más el "jugo", se apartan y buscan nuevas relaciones a quienes seducir y convencer de lo maravillosos que son.

Suelen culpar de todos sus fracasos en las diferentes áreas a los otros, con justificaciones de que, si alguien no está preparado para discriminarlas, hasta puede pensar que son reales.

Puede llegar a los límites de estafar, violar o matar "por culpa del otro" que lo obligó a llegar a ese extremo.

Características psicológicas

Área intelectual

- *Inteligencia inalterada* (no es un problema de capacidad intelectual; en general, son sumamente inteligentes).

- *Rapidez mental* (rápidos para decidir, captan enseguida la necesidad ajena).

- *Incapacidad de aprender de las experiencias vividas* (suelen cometer siempre los mismos errores).

- *Falta de autocrítica* (la culpa de todo lo que hacen mal la tiene el otro; jamás se cuestionan si hicieron algo mal).

- *No se manejan con la verdad* (recurren a cualquier artimaña para salirse con la suya).

- *Impulsividad* (se manejan por arrebatos que surgen en el momento).

- *Incapacidad para planificar* (no tienen plan de acción; no analizan las consecuencias de su conducta).

Área afectiva

- *Deshonestidad* (mienten repetidamente; pueden cambiar su nombre o utilizar sobrenombres nuevos para no ser reconocidos, o incluso cambiar su identidad, si es necesario, para llegar a su meta).

- *Superyó débil-predominio del ello* (no hay moral para sus actos; sólo tienen en la mira satisfacer su deseo, sin importar el precio a pagar).

- *Irritabilidad y agresividad* (psicológica o hasta llegar a lo físico; cuando no logran salirse con la suya, pueden tornarse agresivos para imponer su deseo).

- *No hay expresión de afectos* (no se siente una manifestación real de contenidos emocionales; si los expresan, en general, no son sentidos, sino teatralizados, para lograr una meta).

- *Irresponsabilidad con las obligaciones* (son inestables para mantener con perseverancia un trabajo; no suelen hacerse cargo de compromisos económicos, suelen no pagar sus deudas; son un tanto infantiles: les cuesta mantener obligaciones y, sobre todo, tener que responder a exigencias impuestas).

- *Importantes logros que no pueden sostener y los pierden al tiempo* (pasan de grandes éxitos laborales, económicos, etc., a perder todo en un corto lapso; ciclo que puede repetirse muchas veces).

- *Sexualidad intensa y sin compromiso* (suelen mantener vínculo sexual con varias personas, ya que no establecen compromiso afectivo con ninguna).

- *Perversiones sexuales* (la falta de límites los lleva a conductas fuera de lo moralmente establecido).

Área social

- No se adaptan a las normas sociales (se manejan con códigos propios, que para ellos son los que valen).

- Suelen transgredir las leyes (no aceptan los límites impuestos, no se ajustan a normas externas).

- Pueden llegar a actos que son motivos de detención (no les importan las consecuencias que tengan sus acciones; pueden llegar a violar, matar, en casos extremos).

- Pueden estafar a otros (dejarlos en la calle para beneficiarse con algo, sin sentir el menor arrepentimiento).

- Líder en un grupo (les gusta ejercer el dominio sobre los otros; están bien mientras los otros responden a sus demandas).

- Agradable, simpático, "entrador", seductor (saben "comprarse" a la gente, cómo entrarle para ganarla).

- Suelen decirle al otro lo que el otro está esperando escuchar (sin que lo piensen realmente, sino como estrategia para obtener un fin).

- Buscan a personas débiles a quienes usar o manejar (suelen rodearse de personas débiles de carácter, para manejarlas y usarlas en su propio beneficio: cuando no les son de utilidad, se apartan con mucha facilidad).

- Establecen vínculos intensos en un comienzo, que suelen terminar mal (pasan por extremos de todo a nada; los vínculos son con gran intensidad un corto tiempo, hasta que caen en una indiferencia total).

- Suelen cosificar al otro (la persona que tienen al lado es tratada como si fuera un mueble más de la casa).

GRAFOLOGÍA

Orden

- Confusa. Invade, con la zona inferior del renglón de arriba, la zona media del renglón de abajo.
- Descuidada. Márgenes cambiantes. Margen izquierdo amplio.
- Desproporcionada. Zona inferior inflada. Coexisten en el grafismo movimientos proporcionados y desproporcionados.

Dimensión

- Grande, extensa, lanzada, movida, alta.

Forma

- Angulosa, complicada, filiforme, redonda, anillada. Ángulos en jambas.
- Coligamentos con ángulos, cuadros, desiguales.

Velocidad

- Rápida.

Dirección

- Ascendente, sinuosa.

Inclinación

Invertida, muy inclinada, desigual.

Presión

-Firme.
- Profunda.
- Relieve alto.
- Retoques, empastamientos, pastosidades, cegados.

Continuidad

- Cohesión desigual. Puede tener palabras ligadas.
- Irregular.
- Regresiva.

Gesto tipo

- Golpes de sable, arpones, espirales. Trazos finales en punta (acerados). Bucles en los óvalos y en los trazos finales. Trazos finales en arcos regresivos o en ganchos. Zona inferior en forma de punta, cuchillo o enroscada. Garra de gato.

Letras reflejas

- Mayúsculas grandes.
- "t": barra grande, lanzada, alta, ascendente o muy corta. En maza.
- "g", "y": infladas, angulosas, achatadas.
- "m": primera hampa más destacada; en arco y con final en forma de espiral o ganchos.
- "s": cerrada; desciende y retrocede por debajo, con final en gancho.
- "c": con espirales.
- "f": predominio de bucle inferior.
- "p": parece un número 12.
- "d" con hampa separada del óvalo.
- "q": minúscula, con final en lazo.
- Óvalos abiertos en zona inferior, cerrados con doble vuelta, separados del palote final, aplanados, rellenos.
- Puntuación exagerada, innecesaria.

Firma

- Invade el texto. Ilegible. Más presión en la firma que en el texto. Muy a la derecha. Ascendente. Más grande que el texto. Destacan mayúscula y nombre del apellido.

- Rúbrica destacada y encima de la firma, *algunas con ángulos y cuchillos.*

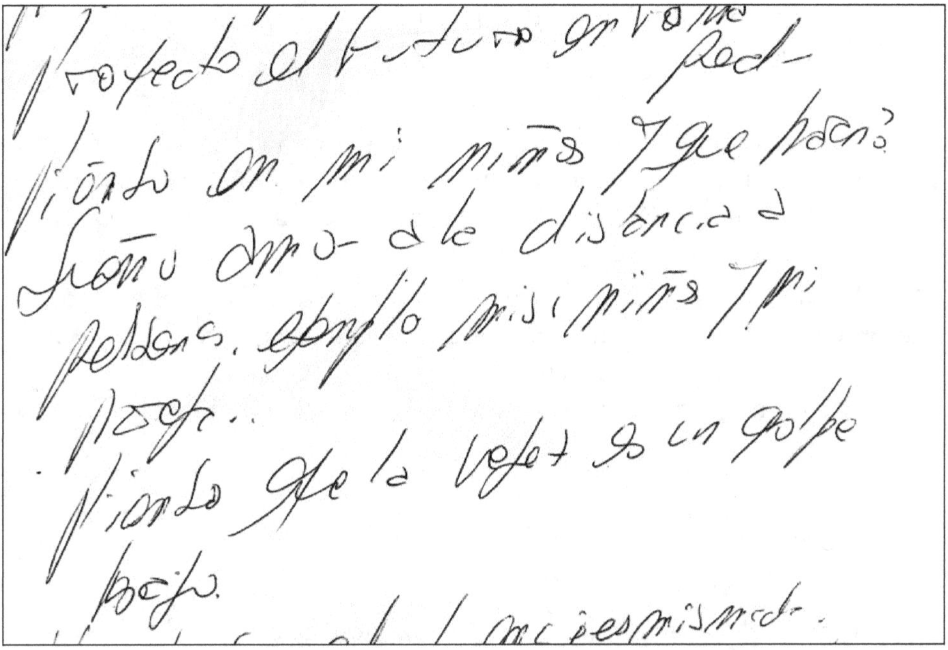

Zona inferior destacada, en puntas agresivas, trazos finales ausentes. Mal manejo del espacio gráfico. Trazos iniciales largos que provienen de zona inferior

PERVERSIONES

(Según DSM-IV: parafilias.)

Definiciones

Son conductas que se dan en el plano de la sexualidad, que están desadaptadas de los valores con los que se maneja la comunidad en la que la persona vive.

Son modos anómalos de conducta sexual, que pueden dividirse en dos formas de desviación:

- Desviación con respecto al objeto: el deseo normal no se orienta hacia su objeto esperable, otra persona adulta, de una edad acorde, apta para la relación sexual, sino hacia niños (pedofilia), viejos (gerontofilia), animales (zoofilia), prendas de ropa u objetos (fetichismo).

- Desviación con respecto al fin: la descarga de placer no está en la consumación del acto sexual normal (genitalidad adulta con el otro y obtención de placer a través del orgasmo); la satisfacción está en la producción de dolor (sadismo- masoquismo), la mirada (voyeurismo), la exhibición (exhibicionismo), etc.

Generalidades

Las perversiones se producen por una fijación o un desarrollo anormal de una de las etapas de la evolución de la libido. Constituyen siempre la expresión de un trastorno profundo de la personalidad y pueden aparecer como la alteración de conducta por sí sola o acompañando otras patologías (generalmente, la psicopatía, las adicciones o la psicosis).

Se pierden los límites de la represión y la moral, y el sujeto se permite conductas que para otros serían difíciles de generar.

No poseen ningún tipo de pudor y no tienen en cuenta lo que pueda pasar con el otro, ya que carecen de empatía. Pueden someterlo a las conductas más aberrantes, sin importarles sus posibles consecuencias.

En ciertas circunstancias, también el hombre normal puede sustituir durante largo tiempo el fin sexual normal por alguna de estas perversiones o recurrir a ellas como estímulo (por ejemplo, jugar a exhibirse o excitarse con una prenda, etc.).

El carácter patológico de la perversión no se manifiesta en el contenido del nuevo fin sexual, sino en su relación con el normal. Cuando ésta presenta los caracteres de "exclusividad" y "fijación", podemos considerarla justificadamente un síntoma enfermo.

En muchas personas normales, el instinto sexual tiene que luchar contra poderes psíquicos que se le oponen en calidad de resistencia; entre ellos, lo que más claramente se muestra es la represión, producto del pudor y la repugnancia. Estos poderes participan de la labor de mantener el instinto dentro de límites normales.

Algunas perversiones son:

Exhibicionismo: buscar placer al mostrar los genitales a los demás; es casi exclusiva del hombre y se centra en la exhibición del pene. La exhibición le produce una descarga placentera equivalente al orgasmo.

Pedofilia: búsqueda de niños/as para satisfacer deseos o fantasías.

Fetichismo: el placer está dado por disfrutar de un objeto (prenda íntima, zapato, etc.), y no del contacto con la otra persona; el fetichista experimenta el orgasmo ante la visión o la caricia de su fetiche, que pasa a ocupar el papel central de la relación.

Sadismo: el placer se logra únicamente maltratando, hiriendo o viendo sufrir a la persona deseada.

Masoquismo: obtiene placer al recibir maltrato físico o mental; sólo de esa manera, puede llegar al orgasmo.

Animalismo (zoofilia): realización de actos sexuales con animales; se observa en personas de mentalidad muy primitiva, o que viven aisladas, sin contacto humano, y que buscan al animal como sustituto.

Frotteurismo: búsqueda de obtener placer al tocar y rozar a una persona en contra de su voluntad; es muy común verlo en los medios de transporte.

Voyeurismo: el placer se produce mirando cómo otros tienen relaciones sexuales, y no en el contacto con el otro; esto es patológico cuando deja de ser una fuente de estimulación para pasar a ser un fin en sí mismo.

Necrofilia: experimentar placer al penetrar a un cadáver.

Coprofilia: para obtener placer, se debe jugar con materia fecal, pasándola por partes del cuerpo.

Características psicológicas

Muchas de las características son comunes con los psicópatas.

Área afectiva

- *Egocentrismo* (el sujeto cree el mundo debe responder a sus propios deseos).

- *Egoísmo* (no ve las necesidades o los deseos del otro).

- *Vanidad* (se cree superior a los demás, porque está abierto a estas prácticas).

- *Orgullo* (cree que es el mejor).

- *Dificultad de conectarse con emociones* (su comportamiento es totalmente mecánico).

- *Falta de límites* (no hay freno a sus deseos).

- *Carece de autocontrol* (no puede frenar a tiempo).

- *Irresponsable* (deja obligaciones por conectarse con el placer).

- *Seductor* (para conseguir su presa).

- *Agresión* (para imponer su deseo).

Área social

- *Carece de empatía* (dificultad de ponerse en el lugar del otro).

- *El otro es un objeto de uso* (no una persona).

- *Busca relaciones con gente que adhiera a sus demandas.*

- *Le cuesta adaptarse a pautas sociales* (su conducta siempre es desviada con respecto a las reglas).

- *Dominante, manejador* (quiere convencer al otro de que acceda a sus deseos).

Orden

- Confusa (choque de zonas).
- Descuidada.
- Desproporcionada.

Dimensión

- Grande, sobre todo en zona inferior. Lanzada.

Forma

- Complicada, buclada.

Dirección

- Sinuosa. Serpentina.

Inclinación

- Inclinada a muy inclinada.

Presión

- Se incrementa en zona inferior.
- Pastosidadaes en zona inferior.

Continuidad

- Ligada.
- Brisados. Fragmentaciones entre óvalo y jamba.

Gestos tipo

- En zona inferior se dan inflación, dibujos, interrupciones del trazo, acerados en trazos finales, arpones, triángulos. Golpe de sable.

Letras reflejas

- Letras "y", "j", "f", "g", alteradas en tamaño, forma, presión, continuidad, a veces con dibujos en forma de falos, pinches o elementos cortantes.

Firma

- Predominio de nombre, invadiendo o cercano al texto, en el centro.
- Rúbrica complicada.

Zona inferior desproporcionada. Invade zona media e inferior del renglón de abajo. Triángulos inflados en jambas.

ADICCIONES

(Según DSM-IV: trastornos relacionados con sustancias.)

Definiciones

Se llega a una adicción cuando se busca placer a través de una acción sobre la que se pierde el autocontrol. No se puede dejar de hacerla, a pesar de conocer las consecuencias que puede generar en la salud de persona.

Podemos incluir aquí: alcohol, drogas ilegales, medicamentos, nicotina, juego, trabajo, sexo, ejercicio físico, compras compulsivas, TV, computadora, etc.

Según el DSM-IV, los trastornos relacionados con sustancias se dividen en dos grupos:

- Trastorno por consumo de sustancias (dependencia y abuso).

- Trastorno inducido por sustancias (intoxicación, abstinencia, delírium, trastorno psicótico inducido, etc.).

Trastorno por consumo

Un patrón desadaptativo de consumo de la sustancia que conlleva un deterioro o un malestar clínicamente significativos, en un período continuado de 12 meses.

Trastorno inducido por la sustancia

Tener que acudir a una sustancia y luego no poder prescindir ella. Por ejemplo, ante una recomendación médica.

En la familia del adicto, en general, se dan una falta de cohesión y una marcada agresión entre los miembros del núcleo primario.

Las madres son seductoras, castradoras, sobreprotectoras, y las figuras dominantes de la casa.

Los padres son pasivos, indefinidos, pesimistas, desapegados, no involucrados con los hijos o totalmente ausentes.

Este tipo de familia no prepara al joven para una independencia saludable. Fracasa en proveer una motivación para la creación de su propio núcleo familiar.

El adicto y su comportamiento sirven para mantener el equilibrio familiar.

Madre e hijo entran en una coalición intergeneracional contra el padre. El patrón se da con el padre que culpa al hijo y la madre que lo protege. Los roles están invertidos en el caso de que la adicta sea una mujer.

Funcionan de manera aglutinada, sin discriminación entre los miembros. Los contactos con personas de afuera del núcleo disminuyen.

Otra posibilidad la dan las familias desligadas. Los miembros se comunican poco entre ellos. Los problemas de un miembro deben llegar a una crisis antes de que el sistema familiar responda a ellos. El miembro enfermo es la causa a partir de la cual la familia se pude volver a unir, de modo que él o ella son los que mantienen unidos a los padres.

Un porcentaje alto de adictos provienen de núcleos familiares con algún tipo de adicción; por ejemplo, alcoholismo, adicción a los medicamentos, etc. Esas prácticas, se vuelven modos de vida aprendidos y heredados de la familia de origen.

La adicción ayuda a la falta de crecimiento. Esto produciría la necesidad de separación-individuación del hijo y la necesidad de experimentar fuera del hogar. De esa manera, se lo retiene más tiempo del debido. El uso de la droga lo mantiene indefenso y dependiente de la familia.

La madre del adicto puede haber protegido a su marido de una madre sobreprotectora y, ahora, años después, lleva adelante esta "tradición" familiar con su hijo adicto.

El grupo de pares colabora y provee al adicto un refugio del núcleo familiar.

Características psicológicas

Área intelectual

- *Se toma, fuma, ingiere la sustancia, a pesar de conocer los problemas psicológicos o físicos que puede generar.*

- *Falta de atención y concentración* para el aprendizaje.

- *Falla la memoria* para acontecimientos que no tienen que ver con el uso de la sustancia.

- *Pensamiento mágico* (creencia en que las cosas van a estar bien sin necesidad de hacer un esfuerzo por conseguirlo).

Área afectiva

- *Se pierde el autocontrol* (para llegar al efecto deseado, se requiere una cantidad cada vez mayor de la sustancia).

- *Es tomada con frecuencia durante un período más largo de lo que inicialmente se pretendía.*

- *Existe un deseo de controlar o interrumpir el consumo, pero se fracasa en los diferentes intentos.*

- *El día está organizado, en gran parte, por la obtención y el consumo de ésta* (por ejemplo, visitar médicos por recetas, proveedores de droga, perder horas viajando para obtenerla).

- *Baja autoestima* (falla la valoración de sí; necesita de la sustancia para sentirse importante).

- *Yo débil* (no llegó a configurar una imagen de sí fuerte para enfrentar la vida).

- *Agresividad hacia sí mismo y hacia los demás* (la sustancia incrementa la parte violenta, que la canaliza autoagrediéndose o atacando a los otros).

- *Falta un proyecto de vida* (no le interesa nada que no tenga que ver con el consumo de las sustancia).

- *Falla la voluntad* (no hay energía suficiente para enfrentar los obstáculos de la vida).

- *Egocentrismo* (creencia de que los demás deben estar pendientes de sus necesidades).

- *Egoísmo* (sólo tienen en cuenta sus deseos).

- *Sentimiento de inferioridad* (se siente menos que los demás, pero lo cubre mostrándose superior).

- *Sexualidad aumentada* (se libera de las represiones bajo el efecto de la sustancia).

Área social

- *Se reducen las actividades sociales, laborales o recreativas, debido al consumo.*
- *Los vínculos de amistades cambian con relación al momento en que no se consumía.*
- *Se buscan personas que están ligadas al consumo, con quienes poder compartirlo.*
- *Dependientes* (en las relaciones, son altamente demandantes).
- *Influenciables* (sobre todo, con el grupo de pares).
- *Manejadores* (buscan que los otros actúen como ellos desean).
- *Rebeldes, oposicionistas* (no acatan pautas impuestas).

Alcoholismo

Definición

Hay alcoholismo cuando se ingiere alcohol de forma patológica, durante un período de tiempo mayor a los 6 meses. La persona perdió la capacidad de dejar de ingerirlo.

Hoy se lo considera una enfermedad, y no un vicio.

El alcohol genera dependencia física. Produce una alteración biopsicosocial en su conducta.

Síntomas físicos

Falta de equilibrio motor, marcha con dificultades, náuseas, vómitos, enrojecimiento facial, temblores, insuficiencia hepática y cardíaca, dificultad para dar sentido a las palabras, gastritis, pancreatitis.

Generalidades

El alcohol es droga que más se consume, y junto con el tabaco gozan de tolerancia social, ya que son legales y por ellas se cobran impuestos.

Hay personas que lo usan para evadirse de la realidad, infundirse valor o enfrentar los problemas diarios.

Están desde los que lo consumen de manera moderada (bebedor social: lo consume en reuniones) hasta aquellos que llegan a la adicción.

En cantidades moderadas, produce una cierta desinhibición, pero en exceso intoxica.

La forma de consumo cambió con el tiempo, ya que hay personas que no toman alcohol a diario, pero que en una noche llegan a consumir una gran cantidad (hasta hay competencias por ver quién toma más, en los boliches). Esto puede llegar a producir importantes daños cerebrales (corteza prefrontal, hipocampo, centros de dopamina).

El cuerpo sólo puede metabolizar 10 a 15 mililitros de alcohol por hora. Dos tragos de alcohol son ya una dosis importante.

Características psicológicas

Área intelectual

- *Disminución de la capacidad psíquica* (decrecen sus potencialidades).
- *Fallas de memoria* (olvidos frecuentes).
- *Distracciones* (se dispersa ante cualquier estímulo externo).
- *Incapacidad para pensar con claridad* (pensamiento confuso).

- *Falta de rapidez para reaccionar* (pierde la velocidad para responder a problemas inmediatos).

Área afectiva

- *Ansiedad* (estado de inquietud permanente).
- *Depresión* (tristeza, abatimiento).
- *Alteraciones del humor* (inestabilidad emocional).
- *Inmadurez* (modo de actuar infantil).
- *Inseguridad* (no resuelve por sí mismo).
- *Irritable* (reacciona mal ante el menor contratiempo).
- *Susceptible* (reacciona rápido ante cualquier estímulo).
- *Promiscuidad sexual* (liberación total).

Área social

- *Aislamiento* (se aparta de las relaciones sociales).
- *Introversión* (se mete en su mundo interno).

GRAFOLOGÍA

Orden

- Desordenada, extensa, espaciada entre las letras.
- Margen superior pequeño o ausente. Chimeneas, fantasmas.

Dimensión

- Desigual, creciente.

Forma

- Simplificada, angulosa.

Velocidad

- Lenta.

Dirección

- Sinuosa.

Presión

- Aumento de presión.
- En rosario. Pastosidades. Cegada. Temblor fino, predominantemente vertical.

Continuidad

- Desligada.
- Reenganches, brisados.

Letras reflejas

- Dificultades para realizar la letra "o".
- Letras "m", "n", "v", de forma angulosa.
- Acentos caídos y de forma ondulada.

Números

- Número 8 movido.

Escritura desordenada, desigual, angulosa. Imprenta. Lenta. Pastosidades. Temblor vertical. Desligada. Dificultad para realizar los óvalos, etc.

Drogadicción

Definición

Uso abusivo de sustancias (marihuana, cocaína, opio, paco, heroína, LSD, quetamina, _poper_, etc.) durante un período de por lo menos 6 meses.

Generalidades

El adicto se convierte en un esclavo de la sustancia de la cual depende.

Lo que lo lleva al consumo es la necesidad de experimentar nuevas sensaciones, desinhibirse, animarse a conquistar a una mujer, un cambio de vida. Búsqueda de placer, tapar una minusvalía personal. Fantasía de que, con el estimulante, se va a lograr.

Son personas que no se sienten preparadas para enfrentar las exigencias de la vida diaria, la presión de lucidez en trabajos; con un alto nivel de responsabilidades, buscan un "escape".

La droga produce una disminución de las sinapsis neuronales normales. La edad actual de inicio de consumo está en los 14 años; el pronóstico mental es sombrío para los que comienzan a esta edad. Muchos van dejando de consumir a medida que van madurando, teniendo trabajos mejores, profesiones, parejas o hijos. Otros continuarán haciéndolo de forma abusiva, con serias consecuencias, y tendrán trastornos cerebrales irreversibles.

La mayoría no tiene conciencia de los riesgos. La frase más oída y peligrosa es "¡Yo la manejo!", lo que lleva a que la persona, convencida de que es así, crea que tiene un control que en realidad no es tal.

El 25% de los adictos consume marihuana. A medida que se consumen drogas más pesadas, las consecuencias físicas y psicológicas son mayores. Hoy se ha incrementado el consumo de paco, con deterioro a nivel cerebral (delirio, convulsiones, etc.), lesiones en boca y garganta, pulmonares (neumonía, enfisemas, etc.), corazón (arritmia, infarto, etc.), hígado (hepatitis, etc.).

Características psicológicas

Área intelectual

- *Dificultades para el aprendizaje* (no puede concentrarse).
- *Problemas de memoria* (de corto y largo plazo).
- *Percepción distorsionada* (visual, auditiva).
- *Pérdida de la noción témporo-espacial* (pierde el sentido de las distancias y los tiempos).

- *Pérdida de capacidad intelectual* (va perdiendo aptitudes para actuar).
- *Problemas para pensar claramente* (confusión mental).
- *Dificultades para resolver problemas* (no puede tomar decisiones sencillas).
- *Impulsividad* (falta de reflexión antes de actuar).

Área afectiva

- *Ansiedad* (inquietud).
- *Depresión* (fondo depresivo permanente).
- *Pánico* (temor excesivo ante cosas que normalmente no lo suscitarían).
- *Paranoia* (sensación de ser perseguido y perjudicado).
- *Perdida de energía vital* (poco deseo para hacer cosas).
- *Abulia, apatía* (falta de interés por todo, fatiga, etc.).
- *Indiferencia afectiva* (nada parece llegarle a nivel de emociones).
- *Agresión* (contesta mal).
- *Caprichos* (conductas infantiles).
- *Falta de límites* (madres y padres permisivos).
- *Pierde el sentido estético* (desaliñado, etc.).
- *Pierde el sentido moral* (no le importan las consecuencias de sus actos).
- *Nervioso* (constante estado de excitación, aceleración).

Área social

- *Rebeldía* (quiere seguir sus propios códigos).
- *Aislamiento* (se encierra en su mundo o con gente ligada a la adicción).
- *Dependencia* (es dependiente de otros que lo proveen de dinero, droga, etc.).
- *Deja de verse con sus amigos de siempre.*
- *Duerme de día, sale de noche.*

Orden

- Desorganizada, desordenada, inarmónica. Concentrada entre palabras. Inconstancia en la separación entre letras, palabras y líneas (pasa de letras y líneas excesivamente separadas a otras excesivamente concentradas).
- Ausencia de margen derecho (o pequeño). Margen derecho irregular. Margen superior ausente. Chimeneas.
- Zona superior prolongada. Hampas infladas.

Dimensión

- Tamaño variable (sobre todo, en zona media). Decreciente.

Forma

- Formas curvas o angulosas, con rasgos agresivos. Ángulos en la base de los óvalos.
- Simplificada. Formas infantiles. Filiforme.

Velocidad

- Retardada.

Dirección

- Sinuosa, desigual.

Inclinación

- Desigual.

Presión

- Acentuación de los movimientos verticales.

- Jambas con presión desigual.

- Cegada o congestionada. Sacudida. Temblor horizontal. Retoques.

Continuidad

- Cohesión desigual. Cortes repentinos en las uniones.

- Lapsos de cohesión. Brisados.

- Ausencia de movimientos progresivos o movimientos progresivos excesivos.

Letras reflejas

- Óvalos remarcados, inflados, abiertos, incompletos, aplanados.

- Jambas de formas variadas.

- Mayúsculas grandes o altas.

- Puntos innecesarios que ensucian el escrito.

- Puntos de "i" cegados, empastados.

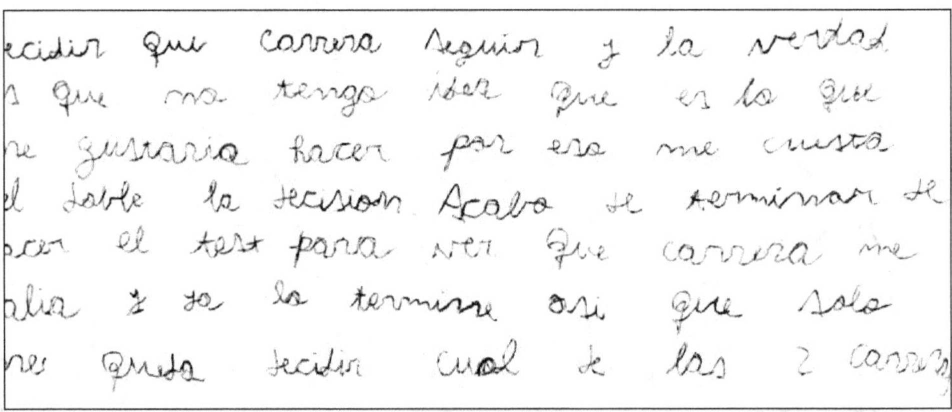

Empastamiento. Temblores. Sinuosidades. Dificultad en el coligamento de las letras.

BORDERLINES

(Según el DSM-IV: trastorno límite de la personalidad.)

Definiciones

Es un trastorno básico en la organización de la personalidad; un límite entre la neurosis y la psicosis. Poseen un yo que no se ha desarrollado lo suficiente.

Son personas con una *inestable estabilidad.*

Funcionan adecuadamente por momentos, pero en otros presentan rupturas transitorias con la realidad.

Según el DSM-IV, "un patrón general de inestabilidad en las relaciones interpersonales, la autoimagen y la afectividad. Una notable impulsividad, que comienza a principios de la edad adulta y se da en diversos contextos".

Generalidades

Hubo una dificultad en la fase de separación-individuación (ver Mahler), lo que generó un déficit en la construcción de su identidad, falla en la integración del sí mismo, conductas impulsivas con tendencia a la acción.

Ha tenido un grupo familiar desafectivizado, que funcionaba mecánicamente, donde nunca pudo superar la simbiosis materna, lo que marcó su falta de autonomía e independencia. Fallaron los límites, que no le dieron la posibilidad del autocontrol sobre sus impulsos.

Presenta manifestaciones psicóticas en ciertas circunstancias, con conductas autodestructivas, imposibilidad de estar solo, falta de empatía con la gente. En otros momentos, se ligaba a los cuadros esquizofrénicos, pero recientemente se lo deslindó y se lo pensó como un cuadro en sí mismo. Muestra un tipo anormal de personalidad, que tiene semejanzas, en su forma de funcionar, con la esquizofrenia, pero sin las experiencias delirantes y alucinatorias que presenta ésta. Nunca adquiere las características de un brote; además, tiene síntomas afectivos de base que lo diferencian.

La neuropsicología considera que es producto tanto de los factores psicológicos mencionados como de disfunciones límbicas y del lóbulo temporal. Hay una modificación en las vías dopaminérgicas, que hacen perder la barrera protectora que sirve para que no aparezcan las conductas psiquiátricas de los cuadros temporales.

132

Características psicológicas

Área intelectual

- *Impulsividad* (no tiene control sobre sus actos; por ejemplo: gasto, sexo, juego, uso de sustancias, robo, comer en exceso, actos de autoagresión física, etc.).

- *Pierde el sentido de realidad* (pero lo recupera en el momento siguiente).

- *Razonamientos rudimentarios* (no muestra una gran lucidez a la hora de analizar las situaciones).

- *Fallas en la formación del concepto y el juicio* (por su desconexión de la realidad).

- *Pensamiento mágico* (infantil en su manera de ver el mundo).

- *Planificaciones irreales* (no hay contraste entre sueños y vida despierta).

- *Pérdida de interés frente a las dificultades* (no le importan las consecuencias de no resolver los problemas).

- *Pierde los logros con el correr del tiempo* (por su falta de motivación).

- *Preguntas extrañas* (porque no sigue el hilo de las conversaciones).

- *Perturbaciones del lenguaje* (le cuesta expresarse).

Área afectiva

- *Alteraciones de la identidad,* (incertidumbre sobre su autoimagen, identidad sexual, objetivos, amistad, valores, etc.).

- *Agresión volcada hacia los demás* (reacciones de ira ante determinadas situaciones que no son de su agrado).

- *Autoagresión* (por ejemplo: golpearse la cabeza contra la pared cuando algo lo enoja, intentos de suicidio, accidentes frecuentes).

- *Inestabilidad afectiva* (cambios marcados en el estado de ánimo: de la normalidad a la depresión; de la irritabilidad o ansiedad desbordada al estado normal).

- *Sentimientos de vacío* (no siente tener nada para dar).

- *Sensación de aburrimiento* (no hay nada que lo motive).

- *Incapacidad para encontrar satisfacción en las cosas que lo rodean* ("¡No puedo ser feliz!").

- *Falta de energía volitiva* (carece de voluntad para hacer cosas).

- *Se maneja en polaridades de todo-nada* (pasa con facilidad de estados de grandiosidad a sensaciones depresivas de sentirse totalmente indefenso e inútil).

- *Conductas infantiles* (le cuesta llegar a sumir responsabilidades adultas).

- *Ansiedad crónica, difusa, flotante* (nada logra calmarla).

- *Angustia* (sensación de depresión permanente).

- *Sensación de inferioridad* (producto de su inseguridad).

- *Conductas inapropiadas* (extrañas).

- *Despersonalización* (no se reconoce a sí mismo).

- *Conductas perversas en el plano sexual* (pierde las pautas morales).

Área social

- *Relaciones interpersonales inestables* (por ejemplo: cambios marcados de actitud, idealización-devaluación, manipulación).

- *No soporta la soledad* (se siente deprimido cuando esto sucede).

- *Dependencia patológica* (desde la madre lo traslada a los vínculos que pueda generar, debido a su sensación de debilidad).

- *Suele apartarse de las relaciones que no sean las que resaltan sus necesidades narcisistas* (necesita de la permanente mirada del otro).

- *Sus relaciones raramente son recíprocas* (pide mucho, da muy poco).

- *Demandantes* (por la dependencia).

- *Temores persecutorios* (cree que puede ser dañado).

Los síntomas, aparecen, generalmente, en toda su magnitud, luego de los 18 años.

Orden

- Concentrada entre letras y palabras. Desigual entre líneas. Inorganizada.
- Margen izquierdo pequeño o ausente. Margen derecho grande e irregular. Blancos en la página. Margen superior pequeño o ausente.
- Desproporcionada (mayor tendencia a zona superior).
- Desordenada.

Dimensión

Pequeña, decreciente, desigual.

Forma

- Formas infantiles, escritura que no está bien lograda. Simplificaciones mal realizadas.
- Dificultades con la legibilidad.
- Bajo nivel de estética.

Velocidad

- Lenta.

Dirección

- Ascendente-descendente. Sinuosa. Serpentina.

Inclinación

- Desigual.

Presión

- Floja.
- Superficial.
- Pesada.
- Retoques (letras o palabras tachadas). Acerados. Pastosidades (suciedad general del escrito).

Continuidad

- Ligados anormales.
- Irregular.
- Regresiva.
- Brisados. Lapsos de cohesión.

Letras reflejas

- Jambas de "g", "f", etc., que arrancan de la izquierda.
- Dificultades de hacer los óvalos, con ángulos o cuadros llenos de tinta.

Firma

- A la izquierda.
- Cerca del texto, invadiendo.
- Sencilla.
- Predominio de nombre (generalmente, no está completo).
- Rúbrica que encierra.

> Vivo con mi mamá y mi papá
>
> Soy tímido, salgo poco porque tengo pocos amigos, no tengo novia.
>
> Jugaba bien al tenis, manejo bien. Me sentía bien trabajando. Hacía los fletes rápido y me iba casa a las 18 hs o más tarde si había trabajo.
>
> Seguir trabajando y tener alguna chica que me quiera como soy yo y salir a ver carreras de auto como lo hacía antes de enfermarme. Tratar de arreglarme solo y sa[...]

Concentrada. Inorganizada. Desproporcionada. Desordenada. Decreciente. Formas infantiles. Dificultades de legibilidad. Bajo nivel de estética. Serpentina. Floja. Retoques. Pastosidades. Dificultades para hacer los óvalos, etc.

ANOREXIA

Definiciones

Descenso de peso provocado por una reducción alimentaria acompañada del uso de laxantes y diuréticos, y ejercicio físico en exceso.

Comienza a veces como una dieta, pero la negativa a comer se empieza a acentuar con el correr del tiempo.

Hay un miedo intenso de engordar y deformarse, incluso estando por debajo del peso normal.

Según el DSM-IV: "Rechazo a mantener el peso corporal igual o por encima del valor mínimo normal considerando la edad y la talla (por ejemplo, pérdida de peso que da lugar a un peso inferior al 85% del esperable, o fracaso en conseguir el aumento de peso normal durante el período de crecimiento)".

Generalidades

Un factor fundamental que ha influido para caer en esta problemática tiene que ver con una dificultad para el funcionamiento autónomo, para acceder a la separación y establecer la identidad.

No se sienten capaces de funcionar separadamente de la familia. Están convencidos de que han perdido el control de su conducta, de su cuerpo; se creen impulsados a actuar por fuerzas extrañas.

Se da en mayor medida en la mujer, debido a que la preocupación por el cuerpo y su perfección es más típica como problemática del género femenino. Aunque cada vez son más los varones que están presentando este cuadro.

En general, son hijos modelos en las familias, perfectos, con apariencia de estar especialmente dotados, con expectativas personales muy altas y una gran necesidad de complacer los deseos de los otros.

Se puede hablar de padres sobreprotectores, ambiciosos, con expectativas altas sobre sus hijos, muy preocupados por el éxito y la apariencia externa.

Son familias, en general, "pegoteadas", con una relación muy intensa entre ellos. Cada miembro está al tanto de lo que siente, piensa o le pasa al otro. No hay lugar para espacios individuales. Las fronteras entre las generaciones se pierden; por ejemplo, es fácil ver al miembro afectado ocupando un rol paterno en relación con los hermanos.

Hay una excesiva sobreprotección; los padres están muy pendientes de las respuestas de sus hijos ante las exigencias. Por ejemplo: una tarea de uno de ellos puede implicar a toda una familia, movida a fin de conseguir la información para ese miembro. Esto retarda la autonomía, la independencia, la autoestima.

Hay dificultades para aceptar los cambios, debido a una gran rigidez para no modificar la estructura. Cuesta aceptar el cambio de etapa de los hijos, sobre todo al entrar en la adolescencia y buscar su independencia. Los hijos son partícipes de los conflictos conyugales, para mantener el equilibrio del sistema.

En general, no tienen demasiada conciencia de enfermedad; por ello se pueden exponer a riesgo de muerte en casos extremos. Se acostumbran a funcionar con signos vitales disminuidos, como si fueran normales.

Características psicológicas

Área intelectual

- *Alteración de la percepción del peso* (se ve gordo cuando en realidad es excesivamente flaco).

- *Dificultad para exponer sus pensamientos* (suele pensar como los padres).

- *Déficit de concentración* (le cuesta prestar atención a todo aquello que no pase por su preocupación).

- *Alto nivel de inteligencia* (en general, poco explotado, por temor a fracasar).

Área afectiva

- *Le cuesta reconocer sus propios sentimientos* (está influenciado por lo que los padres esperan que sienta ante las cosas).

- *Perdida de interés sexual* (no quiere mostrar su cuerpo, por sentirlo deformado).

- *Ansiedad desbordante* (no hay control sobre ella).

- *Fondo depresivo permanente* (su ánimo está decaído, hay falta de estímulos y de proyectos).

- *Rigidez* (no hay flexibilidad).

- *Conducta regimentada* (repetida, monótona, estructurada).

- *Cierta tendencia a la obsesividad* (necesidad de tener todo controlado).

- *Bloqueo emocional* (no puede expresar emociones con naturalidad).

- *Falla en la espontaneidad* (nada de lo que expresa es sentido, sino acomodado a lo que queda bien o debe ser).

- *Falta energía* (poca libido para producir cosas, fundamentalmente nuevas).

- *Inseguridad* (no llegó a saber quién es).

- *Sentimiento de inferioridad* (se siente menos que los demás).

Área social

- *Introversión* (le cuesta vincularse fuera del núcleo familiar más próximo).

- *Se acomoda a lo que los demás proponen* (parece conformarse con docilidad).

- *Suele dejarse invadir* (es lo aprendido en la familia).

- *Dependencia* (falla en todo lo que sea funcionar con autonomía).

- *Temores a relacionarse con el afuera* (mucho miedo de ser dañado).

- *Trata de evitar las reuniones sociales* (se siente incómodo porque no está a gusto con él mismo).

GRAFOLOGÍA

Orden

- Clara (buena organización del texto).
- Margen izquierdo pequeño. Margen derecho grande. Margen superior con tendencia a normal.

Dimensión

- Pequeña, uniforme.

Forma

- Tendencia a los arcos. Caligráfica. Imprenta.

Velocidad

- Lenta.

Dirección

- Trata de mantener la horizontalidad, pero la pierde en algunas partes.

Inclinación

- Recta, invertida.

Presión

- Floja.
- Superficial.
- Ligera.
- Limpia.

Continuidad

- Ligada.
- Regular, monótona.

Letras reflejas

- Óvalos muy abiertos en parte superior; en el otro extremo, totalmente cerrados.

Firma

- Predominio de apellido sobre nombre.

> Entonces, el arbol se propuso que florecería y aguantaría asta que la gente, animales y demás seres vivos se dieran cuenta de que esa zona podría ser de las más benitas y tenerla como una de las mejores zonas.
> Y así hizo. Los turistas que paseban por allí miraban al árbol impresionados de su belleza.
> La gente, poco a poco iba a ver esa maravilla. Asta que un día el árbol cayó enfermo.
> Cuando murió, dejaron su tronco, limpiaron el lago y arreglaron la zona y consiguieron que fuera una de las más banitas del lugar visitada por mucha gente.

Escritura clara. Margen izquierdo pequeño. Pequeña. Uniforme. Arcos. Imprenta. Lenta. Horizontal. Invertida. Floja. Superficial. Ligera. Limpia. Regular, etc.

BULIMIA

Definiciones

La bulimia es un trastorno que alterna períodos de limitación alimentaria con momentos de excesos irrefrenables, seguidos por vómitos autoprovocados, acompañados por el uso de laxantes o diuréticos.

Según el DSM-IV: "Presencia de atracones recurrentes. Un atracón se caracteriza por:

- Ingesta de alimento en un corto espacio de tiempo (por ejemplo, un período de 2 horas), en cantidad superior a la que la mayoría de las personas ingerirían en un período de tiempo similar y en las mismas circunstancias.

- Sensación de pérdida de control sobre la ingesta del alimento (por ejemplo, sensación de no poder parar de comer o no poder controlar el tipo o la cantidad de comida que está ingiriendo).

- Conductas compensatorias inapropiadas, de manera repetida, con el fin de no ganar peso, como son: provocación del vómito; uso excesivo de laxantes, diuréticos, enemas u otros fármacos; ayuno y ejercicio excesivo.

- Los atracones y las conductas compensatorias inapropiadas tienen lugar, como promedio, al menos dos veces a la semana, durante un período de tres meses.

- La autoevaluación está exageradamente influida por el peso y la silueta corporales".

Hay dos tipos:

Tipo purgativo: el individuo se provoca regularmente el vómito o usa laxantes, diuréticos o enemas en exceso.

Tipo no purgativo: emplea otras conductas compensatorias, como el ejercicio intenso, pero no se provoca el vómito, ni usa laxantes, diuréticos o enemas en exceso.

Ante situaciones de estrés, hay personas que ingieren más alimentos de lo normal; por ejemplo, en épocas de exámenes o de decisiones importantes a nivel laboral. Pero esto no es grave en la medida en que la ingesta vuelva a lo normal, una vez transcurrido el episodio.

La edad de presentación suele ser mayor en la bulímica que en la anoréxica.

La apariencia está más ligada a la obesidad. Raramente están desnutridas.

En la bulimia, hay una ingesta de alimentos excesiva; la comida es tragada sin saborearla, acompañada del temor a engordar. Hay remordimiento por lo hecho y un intento de anularlo. Al atracón sigue la culpa, y se cuestiona y castiga por haber perdido el control; entonces, se purga por medio de vómitos, diuréticos, laxantes, etc. La transgresión es así anulada.

Este ciclo se convierte en una rutina y tiende a perpetuarse. Por lo general, es realizado de manera secreta, y es una práctica de la cual la persona se siente avergonzada. No lo vive como algo placentero, sino como algo que no puede eludir.

Confiesa que sus conductas le ocasionan gran malestar y vergüenza, pero muchas veces no lo ve como enfermedad sino como hábitos equivocados.

Para evitar ser descubiertos, los bulímicos evitan los contactos prolongados e íntimos. El ocultamiento de sus síntomas puede ir desde algunos meses hasta ocho o diez años.

Algunos han pasado por episodios anoréxicos previos.

Sus conductas carecen de control; pueden presentar trastornos de conducta asociados, como delinquir, robar cosas en los negocios, abuso de alcohol o de drogas. Son sexualmente activos y pueden llegar a ser un tanto promiscuos.

Síntomas físicos

Dolor de garganta, cara hinchada, dolor de estómago, náuseas, diarrea o constipación, vómitos de sangre, irregularidades menstruales, sudoración, debilidad, taquicardia, somnolencia, alteraciones dentarias, bradicardia, cambios en la presión arterial, callosidades en las manos, problemas de riñón.

Tiene riesgo de muerte si se producen hipocalcemia, paro cardíaco por desequilibrio ectolítico o suicidio.

Características psicológicas

Área intelectual

- *Impulsividad* (dificultad de ejercer un control racional sobre sus actos).
- *Falta de atención y concentración.*
- *Pensamiento infantil* (cree que las cosas se resolverán mágicamente).
- *Ideas suicidas.*
- *Mitomanía* (tendencia a mentir).

Área afectiva

- *Sentimientos de culpa* (por no poder controlar lo que hace).
- *Angustia* (por la falta de identidad).
- *Estados depresivos* (un ánimo alicaído, sobre todo cuando está solo).
- *Tristeza.*
- *Vergüenza* (se siente mal por lo que hace).
- *Estado de inquietud permanente* (lo desborda la ansiedad).
- *Inestabilidad afectiva* (falta de equilibrio).
- *Labilidad afectiva* (oscila entre furia y depresión).
- *Mal humor* (parece estar siempre enojado).
- *Irritabilidad* (reacciona con enojo ante cualquier acontecimiento).
- *Tiene mayor captación de sus sensaciones internas* (que los anoréxicos).

- *Baja autoestima* (no se valora lo suficiente).

- *Baja tolerancia a la frustración* (no soporta que las cosas no sean como desea).

- *Vida sexual intensa.*

- *Fatiga, cansancio* (casi permanente).

Área social

- *Extrovertidos* (volcados al mundo exterior).

- *Demandantes* (piden mucha y permanente atención).

- *Dependientes* (de los otros).

- *Manejadores* (buscan que los otros actúen de acuerdo con sus deseos).

- *Vida social activa* (participan más de reuniones sociales).

- *Son rechazados* (muchas veces, por ese nivel de exigencia con el otro).

GRAFOLOGÍA

Orden

- Concentrada.
- Margen superior pequeño o ausente. Margen inferior pequeño.
- Desproporcionada (con predominio de zona media e inferior).

Dimensión

- Mediana a grande.

Forma

- Redonda (puede ser imprenta). Guirnaldas más bien anchas.

Inclinación

- Inclinada. Muy inclinada.

Presión

- Pesada o gorda. Sucia.

Continuidad

- Desligada.

Gesto tipo

- Bucles amplios, Inflación en 2ª y 3ª zona.

Firma

- Cerca del texto, en el centro de la página.

Ahora me siento un poco estancada, siento que no estoy haciendo mucho y eso me da un poco de angustia y nervios al mismo tiempo. Me gusta mucho el tema del diseño, la moda y el deporte. Hay algo que no se si tomarlo como algo malo pero soy muy perfeccionista. Me gusta controlarlo todo.

Desproporcionada. Mediana. Tendencia a redondear. Desligada. Descendente. Predominio de 2ª zona, etc.

HIPOCONDRÍA

Definiciones

El hipocondríaco es alguien que se preocupa por el estado de su salud, física o mental, con una intensidad que complica sus hábitos normales de vida.

Vive con angustia por creer que padece enfermedades que no son reales, pero que él siente como irreversibles.

Suele identificarse con los padecimientos de los demás y llevarlos al plano personal. Se mimetiza con la enfermedad del otro y la hace propia, de tal manera que, a veces, llega a producir esos síntomas.

Son personas cuya desorbitada preocupación por estar enfermas se convierte en una obsesión por la salud, que domina sus pensamientos y las actividades cotidianas, mucho más allá de lo razonable.

Según DSM-IV: "Una interpretación no realista de los signos o las sensaciones físicas como anormales, que conduce a la preocupación, con el miedo o la convicción de padecer una enfermedad grave, a partir de la interpretación personal de los síntomas somáticos".

Generalidades

Cualquier persona ha conocido en su vida momentos desagradables, en los que su mente cree reconocer los síntomas de un cáncer, un problema cardíaco o cualquier otra enfermedad. Pero esto se da de forma eventual y por alguna situación que lo desencadena.

El hipocondríaco tiene esta misteriosa tendencia a convertir toda clase de preocupación en dolencia física, de manera permanente.

Es una conducta producto de una dificultad que se experimentó de niño, para separarse de una madre sobreprotectora.

Ese niño, en lugar de desarrollar la conciencia de ser una persona independiente que vive con otros individuos, padece de una confusión de los límites de su cuerpo con el de su madre, así como tampoco reconoce sus propios pensamientos.

La sensación general es de no poder manejarse solo. Busca alguna figura de protección, pero al mismo tiempo desconfía de ella.

Siente que, para obtener el amor que necesita, debe ceder su independencia y someterse al deseo del que lo cuida. La madre logró su objetivo, inconsciente, de mantener al niño en estado de impotencia y dependencia. Se asegura de que no crezca y le cueste más irse de su lado.

La enfermedad es hacerlo sentir vulnerable y confirmar su impotencia. La hipocondría tiene un beneficio secundario porque, al estar enfermo, obtiene la protección que anhela y justifica su excesiva dependencia. Es como si recibiera con obediencia la orden de enfermarse.

Gracias a esto, concentra los problemas en su cuerpo y niega el producto de su confusión, que es su carencia de independencia y de autoestima.

Reemplaza su sensación de inutilidad por la enfermedad, que es una forma de fracasar sin culpa. Cree que sería fuerte y productivo si no estuviera enfermo.

Algunos temen padecer ciertas enfermedades, otros aseguran que las padecen. Muchos logran que, con sus síntomas, jaquecas, náusea, etc., otros los sirvan, los atiendan y los acompañen, al hacerlos sentir culpables y responsables de sus sufrimientos.

Los síntomas más comunes son: mareos, escuchar el latido cardíaco en forma permanente, pérdida de audición, nudo en la garganta, tos, manchas en la vista, problemas sexuales, enfermedad de piel, dolor de espalda, insomnio, etc.

Responden al estrés emocional con sensaciones corporales desagradables, que les impiden enfrentar los problemas de manera directa.

Características psicológicas

Área intelectual

- *Vive con preocupación por su estado de salud* (a pesar de estudios realizados y explicaciones médicas apropiadas).

- *Su pensamiento es racional* (pero parte de una premisa errónea).

- *No tiene conciencia de enfermedad* (no se da cuenta de que el temor a padecer una enfermedad es injustificado o excesivo).

- *Ausencia de proyectos* (no cree que vaya a vivir para concretarlos).

- *Memoria* (relacionada con todo lo que tenga que ver con los síntomas).

- *Fantasía de ser querido* (por el cuidado que le dispensan).

Área afectiva

- *Alto monto de ansiedad* (por la excesiva preocupación).

- *Estado de angustia permanente* (por el temor que produce la sensación de estar enfermo).

- *Depresión* (ánimo con tristeza de manera permanente).

- *Desesperanza* (no cree en poder mejorar).

- *Falsa identidad* (se pierde en el otro).

- *Sensibilidad exacerbada* (todo le llega a nivel interno).

- *Inseguridad* (no se siente capaz).

- *Inmadurez* (se detuvo su crecimiento).

- *Sentimiento de inferioridad* (se siente menos que los otros).

- *Autoestima baja* (falta de valoración personal).

- *Sentimiento de culpa* (se siente culpable de su impotencia, pero la proyecta en el otro).

- *Disfunciones sexuales* (conducta sexual infantil).

Área social

- *Deterioro social, laboral* (debido a las limitaciones que genera su preocupación).

- *Dependencia* (necesita protección y se adhiere al posible cuidador).

- *Demandantes* (exige mucha atención).

- *Agresión hacia el otro* (lo culpa de su mal y lo castiga con su enfermedad).

- *Manejador* (exige, con justificaciones que tienen que ver con su padecer, que lo cuiden).

- *Juega el papel de víctima* (se ubica en el lugar de pobrecito).

Orden

- Tendencia a ocupar la mitad superior de la hoja y dejar el resto de la hoja libre.
- Concentrada entre letras y palabras.
- Margen izquierdo pequeño o ausente.
- Chimeneas, fantasmas.

Dimensión

- Pequeña, baja.

Forma

- Predominio de curvas. Redonda. Escritura un poco infantil, poco evolucionada. Arcos. Tipográfica. Imprenta.

Dirección

- Sinuosa. Serpentina.

Inclinación

- Invertida. Mezcla invertida-inclinada.

Presión

- Floja.
- Superficial.
- Pesada o gorda.

- Retoques en zona media en general o en su base.
- Tachaduras.

Continuidad

- Lapsos de cohesión. Brisados.

Firma

- Cercana o invadiendo al texto.
- Más pequeña, con menos presión que el texto.
- Ilegible.
- Rúbrica envolvente.

> Practico este deporte desde que tengo 5 años,
> a Comenze en el año 1990, con una entrenadora
> se se llamaba Mo naira, mucho no recuerdo
> : ella, Luego vinieron otros entrenadores, Mario
> eci, y llego Heruby para quedarse en mi corazón y
> a el de todas las que entreno. Com mis amigas
> cuando hablamos de él, lo recordamos como
> que fue el entrenador mas dulce y simpatico.
> Despues Fuimos creciendo, muchas chicas Fueron
> yendo y tambien nos fuimos separando, no
> das teniamos los mismos objetivos en cuanto
> al hockey.

Ocupa la mitad superior de la hoja. Concentrada. Baja. Predominio de curvas. Redondeces. Arcos. Algunas letras invertidas. Floja. Superficial. Pesada. Retoques en zona media. Tachaduras, etc.

PERSONALIDAD INFANTIL

(Según el DSM-IV: trastorno de la personalidad por dependencia.)

Definiciones

Se trata de personas que, siendo adultas (de acuerdo con su edad cronológica), funcionan en su vida como si fueran niños.

Evitan las responsabilidades, delegan los problemas, no se hacen cargo de sus decisiones y son excesivamente demandantes de atención.

Según el DSM-IV, es una necesidad general y excesiva de que se ocupen de uno, lo que ocasiona un comportamiento de sumisión y adhesión, y temores de separación, que empieza al inicio de la edad adulta y se da en varios contextos.

Generalidades

Su dificultad radicó en la falta de permiso de crecimiento. No se le ha dado la suficiente confianza para actuar de manera autónoma. Esto lo hace dependiente (fundamentalmente de su madre) y con una gran dificultad de enfrentar la vida, si no cuenta con el apoyo y la protección de alguna figura significativa.

Se da en familias aglutinadas, con una actitud sobreprotectora de parte de la madre, que no genera estímulos para salir a conocer el mundo.

No se produce la separación-individuación de la que habla Mahler, no puede salir airoso de la etapa oral de Freud y no posee la confianza básica de la que habla Erikson.

En la falta de ruptura de la simbiosis, también interviene el padre, como figura ausente, que no aporta su rol de corte que posibilite el crecimiento.

El niño queda atrapado con una madre que hace todo por él: hace sus tareas, ordena su mochila, toma sus decisiones, le dice lo que debe pensar o decir ante cada cosa, satisface todas sus necesidades y sus deseos.

El otro queda atrapado en esta trampa y no sabe qué hacer cuando debe enfrentar el mundo, sin el paraguas protector de la madre.

Características psicológicas

Área intelectual

- *Dificultades para pensar proyectos* (lo asustan los cambios y lo nuevo).
- *No hace las cosas a su manera* (debido a que no confía en sí mismo).
- *Pensamiento mágico* (visión infantil del mundo).
- *Mal manejo de las nociones de tiempo y espacio* (no puede calcular).
- *Falla en el razonamiento lógico* (no suele analizar las consecuencias de sus conductas).
- *Impulsividad* (pasa enseguida a la acción).
- *Predomina la fantasía sobre la realidad* (vive en su mundo mágico).

Área afectiva

- *Inseguridad* (no confía en sí mismo).
- *Sentimiento de inferioridad* (se compara con los otros desde un lugar de sentirse "poca cosa").
- *Baja autoestima* (no hay valoración personal).
- *Yo débil* (no siente tener fuerza para enfrentar los problemas).
- *Miedo* (temor a enfrentarse con cuestiones que lo superan).
- *Poca energía vital* (espera mucho de los otros).
- *Indecisión* (no decide los caminos a seguir si no cuenta con el aval suficiente).
- *Dudas* (nunca está seguro de nada).
- *Inconstante, cambiante* (deja en poco tiempo las cosas que comenzó, por proyectos nuevos que vuelven a quedar en el camino).
- *Pasividad* (no es de actuar, sino de esperar).

Área social

- *Dependencia* (busca de que los otros asuman la responsabilidad en las cuestiones de su vida).

- *No puede expresar desacuerdo con los demás* (por temor a perder el cariño).

- *Hace lo que sea por lograr protección o apoyo de los demás* (se somete a realizar cosas que no desea).

- *No soporta la soledad* (teme quedar desamparado).

- *Si pone fin a una relación importante, busca otra relación* (que le brinde el cuidado y el apoyo que necesita).

- *Gran temor al abandono* (y tenga que cuidar de sí mismo).

- *Sus relaciones son superficiales* (carece de un compromiso profundo).

GRAFOLOGÍA

Orden

- Desorganizada en general.
- Margen izquierdo ausente o muy pequeño. Margen derecho grande a muy grande. Descuidada.
- Chimeneas. Fantasmas.

Dimensión

- Pequeña, baja, rebajada.

Forma

- Curva, redonda (parece la escritura de un niño de escuela primaria).

Dirección

- Descendente. Serpentina.

Inclinación

- Invertida.

Presión

- Floja.
- Superficial.
- Ligera.
- Bajo relieve, retocada, sucia.

Continuidad

- Desligada.
- Irregular.

Gesto tipo

- Guirnaldas, bucles.

Firma

- Menor tamaño y menos presionada que el texto.
- Cercana al texto.
- Del centro hacia la izquierda.
- Predominio de nombre sobre apellido.
- Rúbrica envolvente.

155

Volví a la casa Elena las 24 hrs.) y me fui a
dormir.   ⊗ antes fui al Video Club a mostrarles la
El domingo me desperté a las 10 hs, puse la radio
me llamó Cristina para ver cómo estaba y me contó de
su papá (sordo). Le dije que la llamaría a las 18 hs,
para hablar con su papá. Hablé c/mis padres, me invi-
taron a almorzar y a dar 1 paseo c/ellos antes, pero
dije que quería conectar le video y que iba a almorzar
Fui a lo de mis padres a las 14:30 horas, almorcé con
ellos y con mi hermano y mi cuñada, vimos 2
películas, llamé al papá de Cristina (es un médico
por una paciente) ya Susana me quedé en su casa hasta las 20hs
porque recordé que tenía q' comprar 1 regalo para un
nene de 1 año y llevarlo el lunes sin falta. Hablé (antes

Escrito desorganizado. Descuidada. Baja. Rebajada. Curva. Serpentina. Sinuosa.
Inclinación desigual. Floja. Superficial. Sucia. Retocada. Irregular. Guirnaldas.
Bucles, etc.

♦ PSICOSIS

Psicosis en general

Definiciones

Son trastornos de la personalidad que se caracterizan por pérdida de la conciencia de la realidad, desmoronamiento de las conductas sociales, déficit definitivo o temporal de las funciones intelectuales (memoria, atención, concentración, creatividad, etc.) y perturbación de la afectividad.

A las psicosis se las llama neurosis narcisistas porque son problemáticas graves referidas al narcisismo.

Alteración de la vinculación del yo con el mundo externo, en la que se llega a sustituir la realidad por una nueva, de contenido fantástico.

El sujeto tiene la certeza de que la realidad es de esa manera, aunque los demás no la perciban así.

Según Biswanger, la psicosis se explica como producto de una posibilidad inherente a la condición humana, la *locura,* y por la transformación radical de las relaciones con el mundo. Lo que la psicosis persigue es la realización de posibilidades de vida que quedaron sin vivir.

Generalidades

Los orígenes de estos procesos se encuentran en la infancia. El niño necesitaba acercamiento y calor, ser aceptado y querido, pero no sintió haber recibido todo eso.

El tipo de familia es desestructurante y conflictiva. Genera dobles vínculos y dobles mensajes, de manera constante.

El crecimiento fue frenado; sólo pudo desarrollarse en determinadas áreas de su conducta.

Esto lleva a que el sujeto tenga que defenderse armando una realidad propia, a través de ideas delirantes y alucinaciones.

Se deben sumar a esto factores cerebrales (trastornos en la corteza) que están alterados y que generan el cuadro.

Algunos de los síntomas son: despersonalización, alucinaciones, delirios, autismo, encierro, disociación afectiva, alteraciones de la afectividad, alteraciones sensoperceptivas, alteraciones del lenguaje, etc.

Toda psicosis tiene dos fases:

- *Desestructurante:* es el momento en que aparece el brote, cuando el sujeto empieza a desconectarse, a aislarse, a delirar.

- *Restitutiva*: cuando intenta reconectarse con la realidad.

Se puede iniciar de dos formas diferentes:

- *Lenta y progresiva:* se van notando paulatinamente cambios en la conducta de la persona, que llaman la atención; por ejemplo, se encierra más de lo debido, cambia de amistades, etc.

- *Brusca:* irrumpe de golpe, "de la noche a la mañana", con gran intensidad de los síntomas

Tipos: esquizofrenia, distimia, delirante, confusional, paranoia, etc.

Todas las estructuras tienen rasgos de conducta que son comunes y características propias que hacen la diferencia entre los cuadros clínicos.

Características psicológicas

Área intelectual

- *Pérdida de juicio de realidad* (vive en su propia realidad; por ejemplo, como si fuera Napoleón).

- *Deterioro de la potencialidad psíquica* (concentración, atención, memoria, inteligencia, etc.).

- *Alucinaciones* (alteraciones de los sentidos, corporales, auditivas o visuales; por ejemplo, ver cosas que no están, oír voces, etc.).

- *Pérdida de noción de tiempo y espacio* (pierde la noción de donde se encuentra y del tiempo común).

- *Alteraciones del lenguaje* (por ejemplo, crea términos nuevos, repite palabras o frases, se expresa de forma extraña, habla de manera incoherente, da respuestas absurdas, habla consigo mismo, etc.).

- *Rigidez de pensamiento* (se fija a una idea y no se lo puede mover de ahí).

- *Perseverancia* (repite frases o palabras de forma permanente).

- *Interceptación de pensamiento* (está hablando y de golpe se cierra como estando en un vacío y deja de comunicarse).

- *Robo de pensamiento* (cree que le ponen o le quitan las ideas).

- *Disgregación e incoherencia de pensamiento* (le cuesta mantener una idea directriz de lo que está contando).

- *Predominio de la fantasía sobre la realidad* (vive inmerso en su fantasía).

Área afectiva

- *Desintegración de la personalidad* (la personalidad se desestructura).

- *Autismo* (se vuelca a su mundo interior y se desconecta del mundo externo)

- *Delirios* (ideas erróneas que para el sujeto son reales).

- *Despersonalización* (no se reconoce a sí mismo).

- *Pérdida de identidad* (no siente ser el mismo con el correr del tiempo).

- *Indiferencia afectiva* (pierde el cariño por los afectos que lo rodean; es inexpresivo).

- *Paratimias* (afectos contrarios, reacciona con alegría ante acontecimientos tristes).

- *Disminución de la actividad* (abulia, cansancio, fatiga).

- *Alteración de la conciencia del yo corporal* (pierde la noción de su cuerpo).

- *Alteración de la conciencia, del yo psíquico* (se siente extraño, no sabe quién es).

- *Ambivalencia* (experimenta en un mismo momento emociones contrarias: amor-odio, alegría-pena).

Área social

- *Corte de vínculo con el mundo, aislamiento* (se aísla socialmente).

- *Doble mensaje* (no coincide lo que expresa con lo que hace).

- *Fusión con el otro* (las relaciones que puede establecer son de dependencia).

- *Obediencia automática* (obedece órdenes sin saber por qué).

Orden

- Confusa, desestructurada
- Descuidada. Márgenes superior e izquierdo ausentes, derecho amplio e
  irregular.

Dimensión

- Desigual. Sobrealzada.

Forma

- Complicada, extraña, adornada con rasgos anormales.

Dirección

- Descendente, sinuosa, cóncava, convexa.

Inclinación

- Invertida, desigual.

Presión

- Floja.
- Superficial.
- Ligera (poco grosor).
- Relieve bajo.
- Sucia, pastosa. Retoques. Letras tachadas.

Continuidad

- Desligadas o uniones extrañas.
- Irregular.
- Regresiva.
- Lapsos de cohesión. Brisados. Letras adosadas.

Letras reflejas

- Hampas altas. Jambas débiles y estrechadas.
- Óvalos partidos.
- Inventa letras.
- Facetamientos. Retrogresiones.
- Repetición de letras o palabras. Ausencia de letras en las palabras. Letras en Espejo. Dibujos raros en lugar de letras.

Firma

- Del centro a la izquierda. Encerrada, ilegible. Predomina el nombre o el apodo.

El contenido de lo escrito, en muchos casos, es incoherente. El relato no tiene una secuencia lógica.

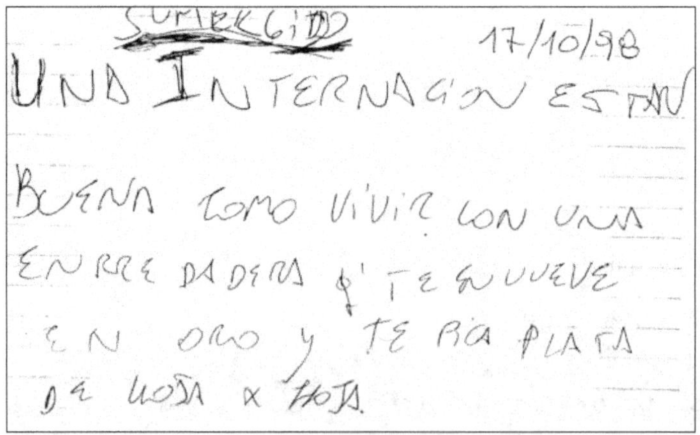

Escritura confusa. Desorganizada. Descuidada. Extraña. Desligada. Uniones extrañas. Sucia. Pastosa. Retocada. Irregular. Jambas débiles. Relato incoherente, etc.

ESQUIZOFRENIA

Definiciones

La esquizofrenia es una de las estructuras más típicas de la psicosis.

Kraepelin la denominó "demencia precoz" y la definió "una serie de síndromes clínicos cuya común característica la constituye la destrucción de la correlación de la armonía interna de la personalidad, con preferente *partición* de la afectividad y la voluntad".

Le llamaron la atención la temprana edad de aparición (precoz) y la frecuente terminación en un estado de profundo deterioro intelectual (demencia).

Bleuler sustituye el nombre de "demencia precoz" por el de "esquizofrenia". Para él, existe un trastorno fundamental cuya presencia decide el diagnóstico de esquizofrenia y cuya ausencia lo elimina.

Este trastorno fundamental se expresa con la propia palabra "esquizofrenia", que significa hendidura, escisión o disociación.

La escisión de la personalidad supone una ruptura de los mecanismos psíquicos normales, que hace al ser humano psicológicamente incomprensible.

Dominan el cuadro el absurdo y la extrañeza.

Otro trastorno fundamental que la caracteriza es el autismo, que significa "retraimiento afectivo", refugio en un mundo interior propio y ruptura de contacto con la realidad.

"Es una personalidad disociada. Doble personalidad. Que se puede manifestar con diferentes formas de presentación de acuerdo con el tipo de lesión cerebral y el punto de fijación (catatónica, hebefrénica, paranoide, simple, etc.)".

Vallejo Nágera: "La escisión de la personalidad que da el nombre a la esquizofrenia supone una escisión, una ruptura de los mecanismos psíquicos normales".

La mente del esquizofrénico se rige por leyes distintas, nuevas, respecto de las de toda persona normal; por ello resulta incomprensible psicológicamente.

Según el DSM-IV: "La caracterizan los siguientes síntomas, cada uno de ellos presente durante una parte significativa de un período de un mes (o menos si se la ha tratado con éxito): ideas delirantes, alucinaciones, lenguaje desorganizado, aplanamiento afectivo, abulia, etc.

Durante una parte significativa del tiempo desde el inicio de la alteración, una o más áreas importantes de la actividad, como son el trabajo, las relaciones interpersonales o el cuidado de uno mismo, están claramente por debajo del nivel previo al inicio del trastorno (o cuando el inicio es en la infancia o adolescencia, fracaso en cuanto a alcanzar el nivel esperable de rendimiento interpersonal, académico o laboral)".

Generalidades

La esquizofrenia es producto de una policausalidad: factores genéticos, orgánicos y familiares contribuyen en el cuadro.

En lo que respecta a la familia, presenta en general a un padre inseguro de su rol masculino, necesitado de admiración, aprobación, que le refuercen sus logros, que lo atiendan de manera permanente. Es de competir con su hijo por la atención exclusiva de su esposa.

Madre con escasa madurez emocional, llena de vacíos afectivos, que en algún momento trató de llenar el vacío de su marido, pero luego abandonó.

No llega a percibir al hijo como algo separado de ella; siente que sus propias necesidades y deseos son las del niño. No llega a captar lo que el hijo le transmite. No reconoce los deseos de éste.

En la casa, se vive en una aparente tranquilidad, sin conflictos, sobre un fondo de vacío afectivo e incomunicación. Los "dobles mensajes", tanto desde el padre como desde la madre (fundamentalmente de esta última), son la manera de vincularse. Nunca coincide el decir con el hacer. Por ejemplo: verbalmente le expresan su amor, pero corporalmente lo rechazan cuando se acerca para un abrazo.

El sujeto queda atrapado en estos mensajes contradictorios y se confunde de tal manera con éstos, que busca la manera de protegerse de ellos.

Nadie en ese núcleo registra las necesidades de ese hijo. Todos extienden las propias al otro.

Freud explica que se trata de un yo perturbado en sus funciones de adaptación y control de la conducta.

No tiene la capacidad de diferenciarse del objeto externo, por lo que se defiende metiéndose en su mundo interno.

En la simbiosis dada, el niño no llega a tener conciencia de la madre como algo distinto y separado de él. No diferencia el yo del no yo.

El yo falla en su trabajo de prueba de realidad, juicio, control de impulsos, etc.

Muchos estaban aferrados de tal manera a su madre que durmieron con ella hasta el final de la adolescencia.

El hijo no puede ganar en su relación con su madre, mientras que el padre permanece impotente. Se siente indefenso, enojado, temeroso, y se enfrenta con sus dificultades refugiándose en su enfermedad.

Características psicológicas

Área intelectual

Lenguaje:
-*Neologismos* (inventa palabras nuevas).

- *Incoherencia* (no hay un hilo conductor).

- *"Ensalada" de sílabas* (mezcla palabras).

- *Pararrespuestas* (frases sin relación con la pregunta).

Pensamiento:

- *Lento curso del pensamiento* (no reacciona con rapidez ante los acontecimientos).

- *Interceptación del pensamiento* (siente que no dejan llegar a su cabeza los mensajes).

- *Robo de pensamiento* (cree que los otros están leyendo su pensamiento).

- *Alucinaciones* (alteraciones del campo de la percepción; por ejemplo, oír voces).

- *Ideas delirantes* (ideas equivocadas que sostiene con convicción).

Área afectiva

- *Incongruencia en la conducta* (su conducta es extraña).

- *Trastornos del esquema corporal* (siente su cuerpo como algo extraño a él, como si no reconociera sus partes como propias).

- *Despersonalización* (se siente diferente que antes, cambiado; siente extraños su mundo, su familia, su casa, como si nunca hubiera estado ahí).

- *Embotamiento afectivo* (no puede expresar lo que siente; es como si nada le llegara al área de las emociones).

- *Ambivalencia afectiva* (expresa sentimientos contradictorios al mismo tiempo; por ejemplo, ríe y llora en el mismo momento).

- *Apatía* (falta total de interés por las cosas que vive).

- *Trastornos de identificación del yo* (no se reconoce).

- *Abulia* (pasividad general en su conducta).

Área social

- *Vínculos superficiales* (no puede comprometerse con nadie).

- *Vínculos cambiantes* (por la misma ambivalencia y disociación).

- *Introversión* (se mete en su mundo interno).

- *Demandante de atención* (necesita cuidado y que presten atención a sus deseos).

- *Disfunción sociolaboral* (se altera la vida que llevaba hasta ese momento).

- *Se altera su expresión* (los demás lo ven raro y se apartan).

Formas clínicas

No hay una sola forma en que puede presentarse. Se dan cuatro modalidades diferentes de acuerdo con los síntomas que presentan. Siempre mantienen en común la disociación o escisión de la personalidad. Pero cada una de ellas presenta algunas particularidades que la diferencia de las otras estructuras.

1. Simple

Tiene toda la conducta esquizofrénica, pero no presenta alucinaciones ni delirios.

Se da un déficit de la vida intelectual, afectiva y social.

Se hace retraído, extravagante; de a poco, abandona las actividades que hacía, las amistades que tenía, etc. La apatía lo va dominando, y llega a ser incapaz de valerse por sí mismo.

2. Hebefrénica

Forma precoz (se da a una edad juvenil) y de comienzo lento. Presenta empobrecimiento, alteración de afectos y apatía.

En los primeros períodos, domina la sensación de pérdida de la actividad (dificultad para estudiar, distracción, desconcentración, desinterés); poco después, se pierde el control de toda la vida psíquica. Llega a no reconocer su propio pensamiento.

Se añaden síntomas de despersonalización, vivencia de disolución de la personalidad, desdoblamiento; no reconoce su yo; hay trastornos del esquema corporal, escisión.

Se aparta de la realidad y de la relación con sus semejantes.

Las ideas delirantes están desorganizadas, y salta de una a otra sin conexión.

3. Catatónica

Se alteran la psicomotricidad y la voluntad (catatonia es un bloqueo de la actividad voluntaria).

Tiende a permanecer en el mismo lugar y en la misma postura, repitiendo sus actos un día y otro de la misma manera (recordar el filme *Hombre mirando al sudeste*, de Eliseo Subiela).

No tiene casi actividad fuera de la realización de sus conductas. Por ejemplo: recuerdo a una paciente, internada en una clínica psiquiátrica, que todos los días, alrededor de las 14, se ubicaba en su cama, en una posición fetal.

El síndrome puede manifestarse de dos maneras: hipocinética e hipercinética.

En la hipocinética, domina la reducción de movimientos, pérdida de toda iniciativa.

El hipercinético presenta movimientos de alguna parte del cuerpo, con episodios de intensa agitación. Suele no salir de su espacio reducido.

4. Paranoide

Padecen ideas delirantes primarias, secundarias, y alucinaciones. A todos los signos de la esquizofrenia, se agregan ideas persecutorias.

Evoco el cuadro de un paciente con ideas de temor a ser atacado y matado por el marido de una mujer a la que alguna vez había piropeado.

Esto lo perseguía, y toda su conducta era defenderse de este posible ataque, con la consiguiente limitación de toda su vida, escondiéndose de *esa fantasía*. Esto, a pesar de conocer a su perseguidor y tener un buen vínculo con él.

GRAFOLOGÍA

(Simple)

Orden

- Confusa, desordenada, desorganizada, espaciada. Los trazados resultan absurdos, en posiciones inadecuadas. Irregular separación entre renglones. Abundantes espacios en blanco en el texto.
- Descuidada
- Desproporcionada. Desigualdad de hampas, jambas y rasgos finales.

Dimensión

- Desigual, sobrealzada.
- Mayúsculas de gran tamaño.

Forma

- Variable. Extravagante. Ornada. Letras incompletas.

Velocidad

- Lenta.

Dirección

- Descendente, cóncava, convexa.

Inclinación

- Desigual, con tendencia hacia la izquierda.

Presión

- Débil, sin profundidad, bajo relieve.
- Trazos sucios, temblores, retoques, tachaduras, torsiones.

Continuidad

- Desligada.
- Irregular.
- Regresiva.
- Fragmentación (letras cortadas, fraccionadas, despedazadas). Lapsos de cohesión. Estereotipada o automática. Reenganchada.

Gesto tipo

- Maza, arpones y enroscamientos.
- Movimientos exagerados.

Letras reflejas

- "t": barra en puntas o que envuelve el hampa con un círculo.
- Mayúsculas de imprenta con finales agresivos.
- "m": con cuatro montes.

- Torpeza para escribir "m" y "n".
- "a": óvalo por un lado y pata final por otro.
- Óvalos pequeños, escindidos.
- "d": óvalo y hampa disociados.
- "g": óvalo y jamba disociados.
- "d" con hampa terminada en espiral.

Firma

- Grande, con tendencia a encerrarse a sí mismo, con círculos concéntricos. Rasgos descendentes y regresivos. Predomina el nombre o el apodo sobre el apellido; pueden aparecer símbolos o dibujos que los representan. Incoherencia firma-texto. Puede hacer más de una firma.

(Catatónica)

Forma

- Con arcos.

Dirección

- Oblicuidad en la dirección de las líneas.

Continuidad

- Escritura excesivamente regular.
- Monótona.

(Paranoide)

Orden

- Letras muy espaciadas. Confusa. Puntos y acentos altos.
- Falta margen izquierdo. Margen superior amplio.

Dimensión

- Sobrealzada, grande.

Forma

- Letras iguales, con formas extrañas en zona media. Adornada, sobre todo en mayúsculas.
- Coligamentos en arcos.

Velocidad

- Escaso movimiento.

Letras reflejas

- Óvalos cerrados, a veces con doble vuelta, angulosos en zona inferior.
- Inventa letras.
- Mayúsculas grandes.

Gestos tipo

- Palotes. Subrayados. Lazos. Hampas en punta. Jambas angulosas. Rasgos de agresividad. Inflación.

Firma

- Grande y elaborada.
- Muy amplia.
- Rúbrica envolvente.

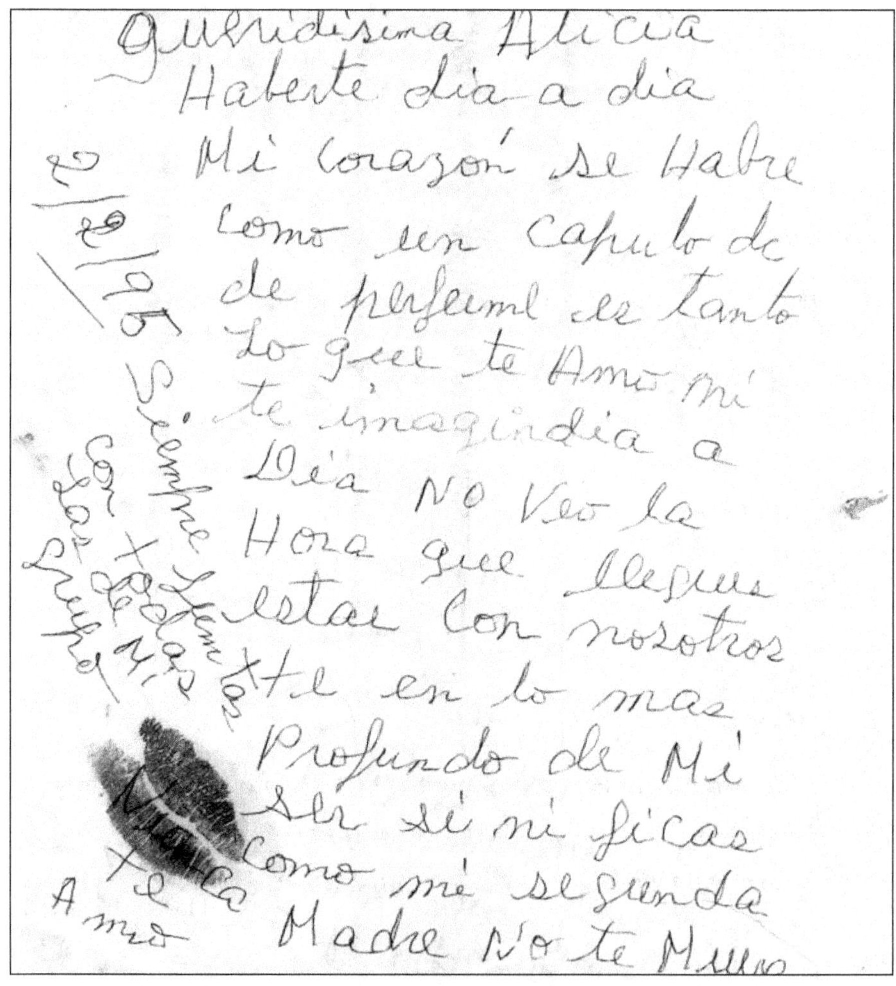

Escritura confusa. Desordenada. Trazos en posiciones inadecuadas. Irregular separación de letras, palabras y renglones. Descuidada. Extravagante. Descendente. Trazos con temblores. Disociación de escritos. Inventa palabras.

◆ TRASTORNOS DEL ESTADO DE ÁNIMO

Son estados emocionales que se mantienen en el tiempo. Los síntomas se dan durante semanas o meses. Son más intensos que los estados de tristeza o excitación normales.

Suelen darse en una personalidad que no ha madurado adecuadamente y con un déficit en el funcionamiento cerebral, donde se altera el nivel de endorfinas.

Pueden presentarse solos o acompañar alguno de los cuadros antes mencionados (neurosis, narcisismo, psicosis).

DEPRESIÓN

Definiciones

Se padece de una sensación de tristeza permanente, por la cual se pierde el interés por las cosas que antes lo generaban. Se percibe un futuro negativo, sin salida, lleno de problemas, y se carece de energía para enfrentarlo.

Mucha gente con este mal dice sentirse desahuciada, desvalida, incapaz de enfrentar la vida, sin capacidad para hallar solución a sus problemas.

Freud: "La reacción depresiva es siempre secundaria a una alteración del vínculo, debido a una pérdida objetal y al duelo subsiguiente".

Según el DSM-IV: "Presencia de cinco o más de los siguientes síntomas durante un período de dos semanas, que representan un cambio respecto de la actividad previa:

- Estado de ánimo depresivo la mayor parte del día; el sujeto se siente triste o vacío.

- Disminución acusada del interés o de la capacidad para el placer en todas o casi todas las actividades, la mayor parte del día.

- Pérdida de peso sin hacer régimen o aumento de peso.

- Insomnio o hipersomnia casi cada día.

- Agitación o enlentecimiento psicomotores casi cada día.

- Fatiga o pérdida de energía.

- Sentimiento de inutilidad o de culpa excesivo e inapropiado.

- Disminución de la capacidad para pensar o para concentrarse, o indecisión.

- Pensamientos recurrentes de muerte. Idea suicida recurrente sin un plan específico para suicidarse".

Generalidades

La depresión puede presentarse conjuntamente con otras alteraciones psiquiátricas, médicas, etc. Puede surgir como efecto de diferentes medicaciones.

Hay numerosos factores que pueden conducir a un trastorno depresivo: antecedentes familiares (el que tiene familia de depresivos corre más riesgos); las mujeres la padecen más que los hombres; las personas solas tienen más propensión; la muerte de uno de los padres, la sobreexigencia, la exagerada sensibilidad, las situaciones de estrés, los trastornos de conducta en la infancia, etc.

En general, se da una neurosis infantil de base, que es reactiva en el aquí y ahora, producto de una privación experimentada en la relación con la madre. Se desencadena un trastorno para relacionarse con los otros y con el mundo. Esto deja un déficit permanente en la seguridad personal.

Hay falla de los neurotransmisores, que impiden las respuestas de placer. El hipocampo genera pocas neuronas; baja la administración de serotonina.

En muchas ocasiones, las consultas son por perturbaciones del sueño, de la alimentación, dolor de cabeza, dolor de espalda, nerviosismo, escaso deseo sexual, cansancio, problemas intestinales, etc.; no se dan cuenta del cuadro depresivo que cubre estas quejas somáticas.

La duración media de una fase depresiva, si no se la trata, es de dos a cuatro meses. Con la edad, las fases se hacen más duraderas.

Existen episodios que se pueden dar de manera aislada, que aparecen en un momento y no se repiten.

Hay dos tipos de depresiones:

Reactiva: se produce por alguna causa externa, generalmente relacionada con pérdidas familiares, de trabajo, pareja, objetos. Frustraciones, decepciones, etc. Suelen llevar un tiempo de elaboración y se superan.

Endógena: no existe una razón externa que haga comprensible el cuadro. Se presenta con una tristeza inmotivada, con desconsuelo, desesperanza, disminución de la actividad

Otros tipos de depresión: por consumo de psicotóxicos, psicofármacos, secundaria de una enfermedad grave, por enfermedad mental, puerperal, etc.

Características psicológicas

Área intelectual

- *Visión negativa del mundo* (no ve salidas creativas a los problemas).
- *Lentitud* (no puede reaccionar con rapidez).
- *Observación detallada, minuciosidad* (suele ser exigente consigo mismo).
- *Subjetividad* (está centrado en sus preocupaciones).
- *Memoria* (relacionada con todo lo que cree que debería haber hecho y no hizo).
- *Falta de concentración* (no puede ocuparse de otra cosa que no sea su problema).
- *Dificultad para seguir el hilo de una conversación.*

Área afectiva

- *Tristeza* (estado de ánimo caído).
- *Angustia* (llega a la manifestación física).
- *Ansiedad* (que acompaña a la angustia).
- *Culpa* (se siente responsable de todas las desgracias propias y ajenas).
- *Frustración* (siente que su vida ha sido un fracaso).
- *Astenia* (fatiga).

- *Pesimismo* (está convencido de que cualquier cosa que haga será un fracaso).

- *Apatía* (todo le da igual).

- *Desgano* (no tiene ganas de nada).

- *Pasividad* (no desea ponerse activo).

- *Egoísmo* (lo único que le importa es lo que tiene que ver con él mismo).

- *Falta energía volitiva* (no tiene fuerza para ponerse en movimiento).

- *Falta de iniciativa* (no se propone metas nuevas).

- *Agresividad dirigida hacía sí mismo* (vuelca la agresión sobre su yo; por ejemplo, enfermándose).

- *Alteraciones de la sexualidad* (pérdida de deseo).

- *Bajo nivel de rendimiento* (produce poco).

Área social

- *Introversión* (se mete en su mundo interno).

- *Aislamiento* (puede llegar a separarse lo más que pueda del vínculo social).

- *Dependencia* (necesita excesivamente del otro, para poder apoyarse).

- *Influenciabilidad* (no tiene fuerza para imponer sus ideas).

- *Sumisión* (si trabaja, es de buscar que le digan lo que tiene que hacer).

- *Conflicto en las relaciones interpersonales* (por su mismo estado, se aparta).

GRAFOLOGÍA

Orden

- Concentrada (entre letras y líneas). Espaciada entre palabras.
- Margen derecho: amplio, grande. Chimeneas o fantasmas.
- Margen izquierdo: pequeño, ausente. Tendencia a cuidada.
- Leve predominio de zona media o superior. Jambas estrechas, cortas.

Dimensión

- Pequeña, contenida, decreciente,

Forma

- Ángulos. Filiforme.
- Coligamento: en curvas, guirnalda, arco.

Velocidad

- Lenta, retardada.

Dirección

- Descendente, muy descendente. Imbricada ascendente.

Inclinación

- Invertida. Vertical. Poco inclinada.

Presión

- Floja. Blanda.
- Superficial.
- Ligera.
- Relieve bajo.
- Empastada, pastosa. Retoques. Temblores. Torsiones.

Continuidad

- Desligada. Hiperligada.
- Regular.
- Regresiva.
- Retocada. Reenganchada.

Gestos tipo

- Bucles. Guirnaldas. Espirales. Arpones, mazas o manchas hacia la parte izquierda del escrito. El trazo final se alarga hacia abajo.

Letras reflejas

- "t": barra con falta de tensión y caída.
- Puntos caídos, faltos de tensión, atrasados o ausentes.
- Óvalos cerrados, pinchados, aplanados, separados del palote.
- Mayúsculas separadas.
- "s": caída.

Firma

- Pequeña. Descendente. Destaca el apellido sobre el nombre. Del centro a la izquierda del espacio gráfico. Invertida, tachada.
- Rúbrica: envolvente, con punto innecesario.

Ford 'T'. ¿Cuántos caballos tenía? ¿Qué capacidad para llevar gente tenía?
¿Cuál era su velocidad máxima? ¿y de cuánto de cilindrada era el motor (cc)?
¿Tenía bocina? ¿de que era el chasis o en que estaba revestida la carrocería?
¿Tenía baúl? ¿Cuáles eran sus dimensiones? ¿En que país fue creado este
vehículo?

Gracias a usted y a sus plantas industriales, se han hecho autos muy buenos
Como el Ford mustang, el Ford falcon, Ford Taunus, Ford Cortina, Ford Granada,
Ford Thunderbird, Ford Focus, Ford Escort, Ford Fiesta, Ford Orion, Ford Puma,
Ford Ka, Ford K, y muchísimos autos más buenísimos.
También sus motores han sido unos de los mejores del siglo y existen los motores
1.0 y 1.1 y 1.6, 1.8 1.8 V, 2.0, 2.3, 2.6, 2.8, 3.0, 1.2, 3.6 y los V6 y V8 y V10.
Su marca fue elegida con lo mejor del Mercosur y de el mercado como la marca
del siglo.
Yo le quería decir que yo y mi familia hemos tenido muchos autos de su
marca y nunca han tenido algún problema, nunca se nos ha quedado
nos ha fallado en la ruta.

Pequeña. Contenida. Lenta. Floja. Blanda. Superficial. Ligera. Bajo relieve. Empastada. Retoques. Ligada. Regresiva. Muy descendente, etc.

MANÍA

Definiciones

Estado de hiperactividad incontrolable, con una excitación permanente y un optimismo exagerado.

El discurso se muestra veloz, con un pensamiento que pierde la coherencia, saltando de una idea a otra, sin hilo conductor.

Según el DSM-IV: "Un período diferenciado de un estado de ánimo anormal y persistentemente elevado, expansivo o irritable, que dura al menos una semana".

Vallejo Nágera: "Es el síndrome opuesto en espejo a la depresión, caracterizado por los mismos síntomas con signo contrario y algunos rasgos comunes: alegría inmotivada, exaltación del ánimo y optimismo, mucha psicomotricidad, actividad, iniciativa y pensamiento. Ideas delirantes de grandeza, hipervaloración del yo, sensación física de placer y de bienestar".

Generalidades

El comienzo suele ser brusco. Aparecen los síntomas, en toda su intensidad, de un momento a otro. La intensidad de los síntomas puede variar dentro del día o de un día para otro.

Presentan un aspecto de alegría exagerada; parecen llenos de energía y de fuerza; hablan y ríen todo el tiempo. Todo les parece fácil y alcanzable sin esfuerzo.

Se visten de manera llamativa, con colores vivos. Cuentan chistes, dicen cosas ocurrentes.

Se mueven de un lado a otro sin parar. Suelen comenzar muchas cosas y dejarlas a medio hacer, al aparecer estímulos nuevos. Nunca se cansan; por el contrario, siguen buscando cosas para hacer.

Suelen ponerse agresivos cuando alguien se opone a que lleven adelante sus deseos.

Hacen las cosas de manera impulsiva; son peligrosos con el manejo del dinero, gastan mucho más de lo que pueden, no tienen noción de lo que tienen. Pueden vender sus cosas para obtener dinero y resolver algo que les surgió en el momento.

Características psicológicas

Área intelectual

- *Verborragia* (habla más y a mayor velocidad de lo habitual).
- *Pensamiento acelerado* (no se da el tiempo para analizar las ideas que aparecen en su mente).

- *Mentiras* (fabula, y muchas veces llega a creer lo que dice).

- *Fuga de ideas* (pierde el hilo de las ideas; cambia de una idea a otra con facilidad).

- *Gran capacidad de asociación de ideas* (relaciona una idea con otra con gran fluidez).

- *Distracción* (pierde la atención ante cualquier estímulo que aparece en el horizonte).

- *Percepción dominante* (capta a través de sensaciones).

- *Memoria* (capacidad de rememorar hechos pasados; recuerda y repite cosas aprendidas, por ejemplo, en la escuela).

Área afectiva

- *Autoestima exagerada* (sensación de grandiosidad).

- *Descansa poco* (por ejemplo: 3 horas de sueño).

- *Dominado por el principio del placer* (por ejemplo, compras irrefrenables, indiscreciones sexuales, etc.).

- *Actividad* (necesita estar en actividad permanente).

- *Optimismo aumentado* (todo lo ve fácil).

- *Labilidad afectiva* (cambiante de un instante a otro).

- *Agresividad* (cuando los demás no hacen lo que quiere).

- *Irritable* (reacciona con violencia si no son satisfechos sus deseos).

Área social

- *Exceso de actividad laboral, social y sexual* (tiene que estar ocupado todo el tiempo que permanece despierto).

- *Gran necesidad de comunicación* (habla con todo el mundo).

- *Extraversión* (siempre volcado hacia afuera).

- *Sociabilidad* (necesita del contacto con la gente).

- *Tendencia al liderazgo* (le gusta mandar).

- *Manejador* (quiere que los demás hagan lo que él desea).

Orden

- Ocupa mucho espacio en la hoja. Confusa. Desordenada. Desorganizada.
- Descuidada.
- Margen izquierdo: grande.
- Margen derecho: pequeño, ausente.
- Desproporcionada. Predominio de zona inferior.

Dimensión

- Grande, extensa, lanzada.

Forma

- Mezcla ángulos y curvas. Complicada.
- Coligamento en guirnalda.
- Bajo nivel de estética. Poco legible.

Velocidad

- Rápida, precipitada, acelerada.

Dirección

- Ascendente. Muy ascendente. Imbricada ascendente.

Inclinación

- Inclinada, muy inclinada.

Presión

- Tensión desigual.
- Profundidad desigual.
- Pesada.
- Retoques, pastosidades, suciedad.

Continuidad

- Hiperligada.
- Irregular.
- Regresiva.

Gestos tipo

- Espirales, inflación, subrayados. Los trazos iniciales nacen en zona inferior. Repite u omite palabras.

Letras reflejas

- "t": barra alta, por encima del hampa, largas.
- "m": se destaca la primera hampa.
- Mayúsculas destacadas, complicadas y con adornos. Desproporcionadas.
- Óvalos abiertos.

Firma

- A la derecha. Grande, ascendente. Se destaca el nombre sobre el apellido. Inclinada a la derecha.
- Rúbrica complicada.

Ocupa mucho espacio de la hoja. Desordenada. Descuidada. Desorganizada. Márgenes ausentes. Complicada. Bajo nivel de estética. Rápida. Poco legible. Pesada. Retoques. Tachaduras. Suciedad. Ascendente, etc.

BIPOLARES

Definiciones

En el trastorno bipolar, se produce una profunda oscilación anímica que va desde la manía a la depresión.

Se produce una alternancia de estados depresivos o melancólicos con estados maníacos.

Según el DSM-IV: "Presenta una alternancia muy rápida (en días) entre síntomas maníacos y síntomas depresivos, que no cumplen la duración mínima para catalogarlos como episodios maníaco o depresivo".

Vallejo Nágera: "Se presentan en el mismo individuo fases maníacas y fases depresivas, en distintos momentos de su vida.

En el maníaco-depresivo, los síndromes aparecen más puros y típicos que en los individuos que padecen únicamente episodios maníacos o depresivos.

La proporción relativa de cada una de las fases varía con el enfermo, desde numerosas fases maníacas con una sola depresiva, hasta la situación inversa de una sola manía entre numerosas depresivas, o episodios más parejos".

Generalidades

Estas personas pasan por períodos en los que están felices, aceleradas, llenas de energía y con ganas de encarar cualquier cosa que se les ocurre, y al poco tiempo se las ve tristes, desganadas y sin voluntad para emprender nada.

Afecta tanto a aquellos que la padecen como a la gente que los rodea.

A veces, presentan alguna adicción que acompaña el cuadro (alcohol, drogas, etc.), lo cual agrava la evolución del cuadro.

Son producto de familias que no cumplieron adecuadamente las funciones básicas necesarias, con indiferencia afectiva; cuadros depresivos dentro de la familia; alguno de los padres con medicaciones de largo alcance, internaciones, intentos de suicidio, trastornos psiquiátricos, etc.

No hay buena autoestima; los padres no resultaron buenos proveedores de objetos, con los que el sujeto busca reparar su autodesvalorización, pero tampoco supieron poner límites.

Hay anomalías en las zonas cerebrales que controlan las emociones, la amígdala, el hipocampo (que en ocasiones llegan a ser más pequeños)

Por lo general, la gente consulta en el momento de depresión; cuando está eufórica, no se le ocurre que pueda tener un problema.

Características psicológicas

Área intelectual

- *Falta de concentración* (cambian sus intereses).

-*Problemas de memoria* (registra cosas según su ánimo).

- *No puede dejar de lado las preocupaciones que rondan en su cabeza* (es lo único que le interesa en ese momento).

- *Perfeccionista* (alta exigencia).

Área afectiva

- *Muchas oscilaciones del estado de ánimo* (pasa de un extremo a otro).

- *Reacciones inesperadas* (varía de acuerdo con el estado emocional predominante).

- *Irritable* (se pone agresivo cuando no se sale con la suya).

- *Grita por cualquier cosa* (estado de nerviosismo permanente).

- *Baja tolerancia a la frustración* (no soporta los fracasos).

- *Pasa de la depresión al optimismo.*

- *Le cuesta disfrutar de las cosas* (nada le produce placer).

- *Bajo nivel de energía* (sobre todo, en el momento depresivo).

- *Bajo rendimiento* (por su inconstancia).

- *Hipersensible* (todo le llega y lo afecta).

- *Insatisfacción* (nunca está conforme).

Área social

- *Discute con facilidad* (cuando se oponen a sus ideas).

- *Aislamiento social* (pierde vínculos).

- *Culpa a los otros por su estado* (no toma total conciencia de sus problemas).

GRAFOLOGÍA

Se combinan rasgos gráficos correspondientes a la manía y a la depresión. Según el momento en que se halle el paciente, marca un predominio de unos sobre otros.

Orden

- Puede pasar de un mejor ordenamiento a un mayor desorden.

Dimensión

- De pequeña a mediana o grande.

Velocidad

- De lentitud a rapidez.

Dirección

- Asciende o desciende entre renglones.
- Sinuosa, serpentina, imbricada ascendente o descendente. Cóncava, convexa.

Inclinación

- Oscila derecha-izquierda.

Presión

- Pasa de débil a fuerte.

Continuidad

- De ligada a imprenta.

Extrañado de una cara que no había visto en el coche la tarde anterior, preguntó a sus compañeros:

—¿Quién es? No parece fea.

—¡Un demonio! es lindísima. Creo que sobrina o cosa así del doctor Arrizabalaga. Llegó ayer, me parece...

Nébel fijó entonces atentamente los ojos en la hermosa criatura. Era una chica muy joven aún, acaso no más de catorce años pero ya núbil. Bella, bajo el cabello muy oscuro un rostro de suprema blancura, de ese mate y rosa que es patrimonio de los cutis muy finos. Ojos azules, largos, perdiéndose hacia las sienes entre negras pestañas. Bajo una frente tersa, cierta... tal vez un poco separados, lo que da, mucha nobleza o gran terquedad. Pero sus ojos, tal como eran, llenaban aquel semblante en flor con la luz de su belleza. Y al sentirlos Nébel detenidos un momento en los suyos, quedó deslumbrado.

—¡Qué encanto! murmuró quedando inmóvil con una sonrilla en el almohadón del surrey. Un momento después las serpentinas volaban hacia la victoria. Ambos carruajes estaban ya enlazados por el puente colgante de papel, y la que ocasionaba sonreía de vez en cuando al elegante muchacho ellos.

Escritura desordenada. Mediana. Asciende y desciende entre renglones. Sinuosa. Serpentina. Oscila su inclinación de derecha a izquierda, etc.

♦ TRASTORNOS NEUROLÓGICOS

Son cuadros en los que una problemática cerebral interfiere en el funcionamiento de la mente.

Las dificultades varían de acuerdo con la zona del cerebro alterada. Eso produce los diferentes cuadros y los diferentes síntomas.

La neurología es la ciencia que se ocupa de estudiar las enfermedades del sistema nervioso.

Vamos a ocuparnos de describir algunas de ellas, entre muchas otras posibles: Parkinson, epilepsia, Alzheimer.

PARKINSON

Definiciones

Está afectada la parte del cerebro que coordina el control del movimiento, del tono muscular. Hay temblor, rigidez y dificultad en el caminar.

Se caracteriza por temblores que incluyen las manos, los pies, los músculos de la cara, etc. Los movimientos voluntarios se hacen más lentos, los músculos se presentan rígidos, y la postura se hace inestable. A medida que la enfermedad avanza, también se complican el habla y la realización de tareas que hasta allí ejecutaba; por ejemplo, manejar los cubiertos.

Generalidades

Cuando los cien billones de neuronas, que se conectan entre sí por medio de sustancias químicas, disminuyen y no se dan en las cantidades adecuadas, sobrevienen enfermedades tanto neurológicas como psiquiátricas.

Las neuronas que producen dopamina mueren, y el cerebro va perdiendo este importante neurotransmisor.

• La enfermedad es crónica y progresiva; los síntomas se agravan con el transcurrir del tiempo.

Características psicológicas

Área intelectual

- *Disminuye la atención* (no puede mantener el interés hacia algo).

- *Dificultades de concentración* (deja de meterse de lleno en las cosas que antes le interesaban).

- *Problemas con la memoria* (pierde recuerdos almacenados).

- *Pensamiento lento* (no presenta la rapidez de otro momento).

- *Capacidad de razonamiento* (puede encadenar ideas, aunque con mayor lentitud).

Área afectiva

- *Inestabilidad emocional* (se pierde el equilibrio emocional).

- *Irritabilidad* (por la impotencia de verse limitado).

- *Temores* (pierde la confianza en sí mismo).

- *Inseguridad* (no se siente capaz de enfrentar cosas que antes hacia).

- *Pesimismo* (todo lo ve negro).

- *Apatía* (no tiene ganas de hacer cosas).

- *Depresión* (se siente con una gran tristeza, por tener conciencia de su enfermedad).

- *Falta de iniciativa* (pierde la motivación para encarar cualquier nuevo proyecto).

Área social

- *Dependencia* (necesita el cuidado del entorno).

- *Aislamiento* (se aparta de sus vínculos sociales, no le gusta que lo vean con sus carencias).

- *Introversión* (suele meterse para dentro y hacerse poco comunicativo).

Orden

- Confusa (superpone letras y palabras entre sí).
- Varía la proporción.

Dimensión

- Baja. Pequeña a muy pequeña. Decreciente.

Forma

- Escritura en cuadros. Filiforme.
- Pierde legibilidad.

Velocidad

- Lenta.

Dirección

- Sinuosa. Descendente. No puede mantener la horizontalidad.

Inclinación

- Desigual.

Presión

- Profunda.
- Temblor (al principio de la enfermedad es horizontal, luego se hace también vertical). Pastosidad. Congestiones. Escritura en rosario.

Letras reflejas

- Puntos de "i" en raya horizontal.
- Se dificultan las letras con óvalos (pequeños, llenos de tinta).

Gestos tipo

- Repetición de sílabas o de letras, en la palabra (por ejemplo: dddoctoror = doctor).

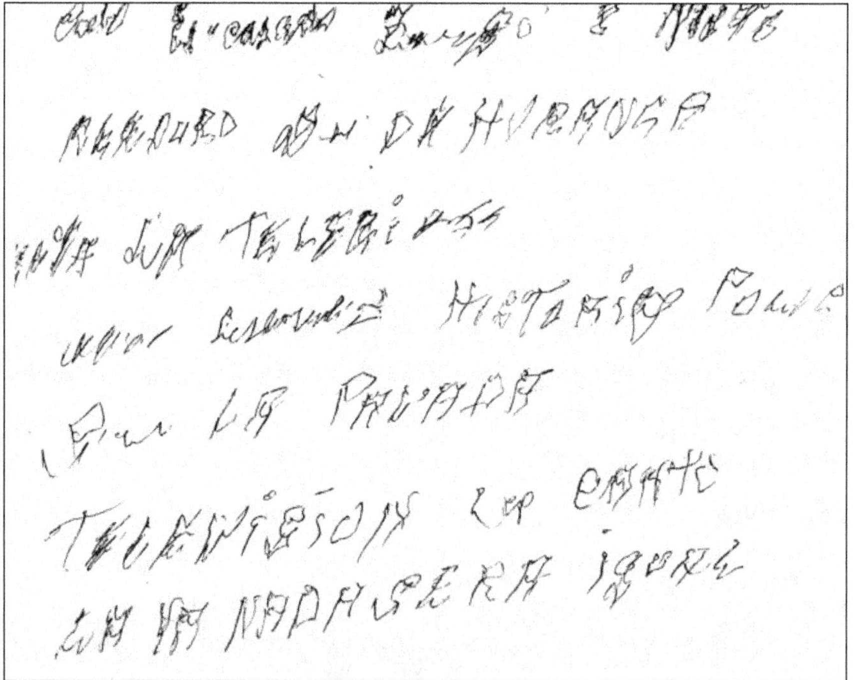

En cuadros. Pierde legibilidad. Temblor (ya es vertical y horizontal). Puntos de "i" deformados. Dificultad para realizar óvalos, etc.

EPILEPSIA

Definiciones

La palabra *epilepsia* significa "ataque por sorpresa".

Es una patología neurológica que se produce cuando las neuronas se conectan y desconectan de forma desordenada, lo que aumenta su excitabilidad y causa como resultado estados de ausencia o fenómenos convulsivos.

Doyharzabal: "Es una enfermedad crónica caracterizada por alteraciones paroxísticas recurrentes en la función neurológica, causada por anormalidades en la actividad eléctrica del cerebro".

Alteración en la actividad eléctrica del cerebro. Hay dos grupos fundamentales: gran mal (convulsiones) y pequeño mal (ausencias).

Generalidades

Se da cuando, en un instante, las neuronas comienzan a descargar de manera súbita y con mayor frecuencia de lo normal, y allí se da la crisis. La pueden ocasionar un cuadro febril, medicamentos, bebidas, tóxicos, un hematoma, una neoplasia, factores genéticos, un traumatismo de cráneo. Muchos cuadros son de origen desconocido.

En algunos casos, se descarga con convulsiones; en otros, con ausencias.

Convulsiones: una crisis en la que se pierde la conciencia y se dan síntomas de desmayo, movimientos involuntarios de los brazos y las piernas. Pueden ser acompañadas de la pérdida del control de esfínteres.

Ausencias: pequeños períodos en los cuales la persona parece ausente, desconectada del entorno, se queda mirando hacia un punto fijo, parpadea en forma rápida. Es un cambio de conducta repentino, que nada tiene que ver con la situación previa. Puede quedarse totalmente inmóvil o realizar algunos movimientos extraños.

La crisis depende, en gran parte, de la zona cerebral que esté afectada. Puede abarcar uno o ambos hemisferios. En general, no dura más de dos o tres minutos.

La aparición es un tanto impredecible; puede ocurrir en cualquier momento.

Existe en muchas personas la llamada *aura,* efecto en que se registra, por alguna señal interna, dada por alguno de los sentidos (ver una mancha de color, un sonido, un olor especial, etc.), que luego de esta señal proviene la crisis. Esto puede permitir a la persona tomar recaudos para minimizar las consecuencias.

Son más comunes que se den en la infancia o en la tercera edad.

Un porcentaje alto de pacientes responde bien a las drogas y, en muchos casos, al cabo de unos años sin episodios, hasta se logra suspender la medicación.

Características psicológicas

Área intelectual

- *No se deterioran las capacidades intelectuales* (no se alteran las capacidades que el sujeto posee).
- *Menor atención* (le cuesta atender; por ejemplo, en el aula).
- *Distracción* (con rapidez pierde el interés en las cosas).
- *Dificultades de concentración* (no mantiene mucho tiempo el enfoque en un tema).
- *Intuición* (producto de una mayor sensibilidad).

Área afectiva

- *Inseguridad* (por no saber cuándo puede aparecer el ataque).
- *Sensación de vulnerabilidad* (se siente en inferioridad de condiciones con relación a los demás).
- *Sensibilidad* (son muy receptivos).
- *Temores* (de padecer ataques en cualquier circunstancia y lugar).
- *Inestabilidad* (cambios en el humor).

Área social

- *Dependencia* (necesidad de protección de los que lo rodean).
- *Pegoteo* (en algunos casos, se torna un tanto "pegajoso").
- *Introversión* (suele meterse para dentro).
- *Repliegue social* (se limita un tanto en su vida social).

GRAFOLOGÍA

Orden

- Concentrada (tiende a ocupar toda la página). Espaciamientos desiguales entre letras, palabras y líneas. Letras y palabras unidas entre sí.
- Chimeneas.

Dimensión

- Pequeña.

Forma

- En cuadros. Caligráfica. Pasa de redondeada a angulosa. Adornada. Algunos trazos mal dibujados.
- Bajo nivel de estética.

Velocidad

- Ritmo desparejo.
- Trazado lento.

Dirección

- Sinuosa.
- Tiende a perder la horizontalidad, ascendiendo y descendiendo.

Presión

- Desigualdades de presión.
- Pastosidades, temblores, retoques, torsiones. La tinta parece deshilacharse en algunas partes.

Continuidad

- Cohesión desigual.
- Cortes y adosamientos repentinos.
- Escritura regular (estereotipada o automática).

Letras reflejas

- Letras mayúsculas angulosas, con trazos prolongados.
- Óvalos: triangulares, angulosos, aplastados, cerrados.
- Jambas aplastadas en la base, hechas de formas diferentes, se deshilachan (sobre todo, "j", "g").

Gestos tipo

- Trazos deformados.
- Se repiten letras, sílabas o palabras.

Espaciamientos desiguales. Ritmo desparejo. Trazado lento. Asciende y desciende. Retoques. Torsiones. Bajo nivel de estética. Repite letras y sílabas, etc

---

ALZHEIMER

Pertenece al grupo de las denominadas "demencias": son problemas cerebrales que producen una alteración de las funciones intelectuales y de la conducta, que interfiere en las actividades cotidianas.

El Alzheimer es la más común de las demencias del mundo occidental. No forma parte del envejecimiento normal.

Alois Alzheimer, neurólogo alemán, fue quien descubrió esta enfermedad.

Definiciones

Es una enfermedad que, lenta y progresivamente, destruye las células del cerebro. Finaliza con un estado de invalidez.

Se da por diversos factores; entre ellos, están involucrados algunos genes, que alteran el proceso de síntesis de las proteínas.

Generalidades

Es producto de la edad, la composición genética, la historia familiar, o bien de un traumatismo de cráneo o una depresión.

Comienza con pérdida de memoria. No incorporan información. Se olvidan de lo realizado recientemente, pero conservan la memoria más remota. Se desorientan en el espacio. Se dificulta su vida social; pierden el cuidado personal.

Al avanzar, los síntomas se vuelven cada vez más intensos, interfieren las tareas cotidianas (vestirse, lavarse, ir al baño); se desorientan en tiempo y espacio (se pierden hasta en lugares conocidos); aparecen fallas de lenguaje; se dificultan las actividades sociales.

Al progresar la enfermedad, el sistema inmune se vuelve vulnerable, con la consiguiente pérdida de peso, que aumenta el riesgo de infecciones.

Es una dolencia terminal que finaliza con un deterioro general de la salud, que compromete todas las funciones intelectuales, con graves alteraciones de la memoria. No reconoce a sus familiares cercanos. Es inconsciente de todos los eventos de su vida.

Es un padecimiento que tiene un impacto físico, psicológico y económico, no sólo en la persona enferma, sino también en la familia.

Características psicológicas

Área intelectual

- *Deterioro de la memoria* (no recuerda donde dejó las cosas, llega a no reconocer lugares, personas cercanas, etc.).

- *Disturbios del lenguaje* (no encuentra la forma de expresar lo que piensa).

- *Anormalidades visoespaciales* (se altera la percepción; pierde la noción de donde está).

- *Pérdida de las capacidades cognitivas* (atención, concentración, resolución de problemas).

- *Pierde la noción de realidad* (no discrimina realidad de fantasía).

- *Alucinaciones* (alteraciones de la percepción; ve cosas que no están).

- *Delirios* (ideas erróneas que cree verdaderas).

- *Estado general de confusión* (está como perdido).

- *Disminución general de todas las capacidades intelectuales* (que antes poseía).

- *Impulsividad* (no hay frenos).

Área afectiva

- *Alteraciones del ánimo* (se altera su humor habitual).

- *Se vuelve irritable* (quiere hacer lo que surge en el momento y, si no lo dejan, se enoja).

- *Agresividad hacia el mundo externo* (reacciona con violencia si se le ponen límites).

- *Trastornos en la conducta sexual* (suelen perder el pudor).

- *Apatía* (falta de iniciativa y de repercusión emocional ante los hechos).

- *Depresión* (se queda en un rincón, sin reaccionar).

- *Ansiedad* (deambula de un lado a otro, sin rumbo).

Área social

- *Aislamiento* (pierde sus contactos sociales).

- *Introversión* (se mete en su mundo interno).

- *Se desinteresa de todas sus actividades habituales* (laborales, educativas, deportivas, sociales).

- *Pérdida de interés por los demás* (ya no los reconoce).

- *Dependencia* (pasa a depender de sus cuidadores).

- *Dificultades de adaptación* (pierde de vista las pautas sociales).

Orden

- Desordenada, confusa. Se altera la separación entre letras y líneas.
- Desproporcionada.

Dimensión

- Desigual, lanzada, movida.

Forma

- Dificultad para realizar curvas. Tendencia al ángulo.
- Simplifica, suprime o desfigura rasgos. Formas extrañas.
- Ilegible. Pobreza de los grafismos.

Velocidad

- Lenta.

Dirección

- Alteraciones en la dirección.
- Descendente.

Presión

- Presión desigual. Incremento de la profundidad. Desigualdades de peso.
- Temblores, retoques, tachaduras, pastosidades, cegados.

Continuidad

- Varía la cohesión, desligada.

Gestos tipos

- Agrafia (olvido de letras y palabras).
- Puntas, mazas.

Letras reflejas

- Olvido de signos de puntuación en general.

(Estos rasgos se dan en los inicios de la enfermedad. Cuando está avanzada, prácticamente pierden la capacidad para escribir.)

Escrito confuso. Desordenado. Movido. Ilegible. Pobreza general de los grafismos. Presión desigual. Temblores. Retoques. Pastosidades. Cambia algunas letras por otras, etc.

GRAFOLOGÍA
Y
CREATIVIDAD

Inicio este último tramo del libro, luego de haber desarrollado las posibles conductas patológicas, con la parte *sana* que todos tenemos, y que es la capacidad para *crear*. Encontrar, a través de ella, salidas que nos conectan con la vida es lo mejor que puede pasarnos.

Todos tenemos posibilidades de desarrollarla, sólo que a veces no podemos llevarla adelante, debido a que los conflictos emocionales no nos dejan verla.

Si se logra descubrirla y darle lugar, la vida se va a enriquecer en gran medida, y la posibilidad de disfrute será cada vez mayor.

DEFINICIONES DE CREATIVIDAD

Capacidad para crear cosas bellas.

En sentido absoluto, "crear" es hacer algo de la nada.

Los hombres siempre necesitan un punto de partida que les sea dado, una materia previa, el sonido para la música, los colores para la pintura, los datos para el problema real.

"Crear es transformar lo posible en actual, hacerlo nacer".

"La creatividad necesita apoyarse previamente en conocimientos o en destrezas ya existentes en el sujeto en tanto ser creativo".

"Antiguamente no se hablaba tanto de creatividad sino de genialidad, considerándose que ésta era poseída por muy pocas personas".

"La creatividad no se agota únicamente en la creación artística.

Es también la originalidad para enfrentar los problemas o dificultades que presenta la vida, con una respuesta novedosa e imaginativa que los solucione".

"La flexibilidad para ver las cosas ayuda a que podamos actuar creativamente, aun ante los fracasos, y sacar provecho de ellos".

"La persona creativa aporta enfoques distintos a los habituales a la hora de estudiar las situaciones".

"Podemos tener predisposición pero también puede ser producto de un aprendizaje o de una decisión".

"Vivir de manera creativa es una decisión. Creatividad significa riesgo, vivir cada día como una aventura, con espíritu inconformista, con ganas de descubrir algo nuevo".

LA CREATIVIDAD Y EL PSIQUISMO

Quiero hacer referencia a un excelente trabajo del doctor Héctor Fiorini, quien fue profesor mío y maestro guía en el campo de las psicoterapias. En su libro *El psiquismo creador* (ed. Nueva Visión), postula la creatividad como un nuevo proceso del psiquismo:

Proceso terciario:
"Es el modo de pensamiento propio de los procesos creadores. Es el espacio de (lo que puede ser). Es la relación del psiquismo con lo potencial, con lo posible, con lo aún no constituido, con lo incierto, con lo desconocido, con lo inexistente".

"El psiquismo creador posee una organización que es capaz de albergar al mismo tiempo distintas modalidades de pensamiento, que Freud caracterizó como proceso primarios y secundarios".

Proceso primario: como producto del ello y el principio del placer que representa. Lo que se desea ser.

Proceso secundario: es el dominio del yo y está relacionado con el principio de realidad. Lo que se es.

"Esta organización de orden *terciario* contiene varias lógicas, es polivalente, contiene un diseño, una arquitectura que establece conexiones múltiples entre esos diferentes niveles de pensamiento y entre los elementos de cada nivel".

"No está restringido, sino abierto. Tiene una meta y a la vez carece de meta, efectúa siempre operaciones con múltiples significados".

"Se define por una inestabilidad, una variabilidad de configuraciones, una fragilidad en el límite ambiguo de afirmación y negación".

"El psiquismo creador posee su propia lógica, expande el mundo, va hacia zonas de realidad en construcción, a pulsiones que buscan el saber, la investigación.

Trata de llenar los vacíos, se forma entre los límites, pero no responde a ellos. Está entre lo posible y lo imposible.

Se presentan cuestiones a la mente y originan respuestas según modalidades nuevas, no convencionales, al combinar elementos hasta allí desconocidos y lograr algo diferente".

"En el proceso creador una forma encuentra su movimiento y, a la inversa, un movimiento encuentra su forma".

Conocer este aspecto permite salir del modo neurótico de funcionamiento para conectarse con la parte sana de la personalidad. No está ligado al arte en sí, aunque lo incluye, sino a vivir creativamente la vida de todos los días. Encontrar salidas a los problemas, buscar gratificarse con lo que se hace cotidianamente. Encontrar sabor en las pequeñas cosas diarias rescatando lo que tienen de bueno, y salir de la queja de aquello que falta.

Orden

- Espaciada entre líneas. Buen manejo del espacio gráfico.
- Desproporcionada. Hampas altas.

Dimensión

- Sobrealzada, desigual, movida.

Forma

- Curva, original, filiforme. Predominio del movimiento, sin perder la forma.

Velocidad

- Rápida, desproporcionada.

Dirección

- Ascendente, sinuosa, serpentina, desigual.

Inclinación

- Moderadamente inclinada, desigual.

Presión

- Profunda.

- Fina o ligera.
- Relieve alto.

Continuidad

- Agrupada. Desligada.
- Cierta irregularidad.

Gesto tipo

- Lazo. Espiral.

Letras reflejas

- "d": curvada hacia la derecha.
- "f": con predominio de bucle en zona superior.
- "s": de simple trazo ondulado.

Firma

- Original. Poco legible.
- Rúbrica original. Firma y rúbrica ascendentes.

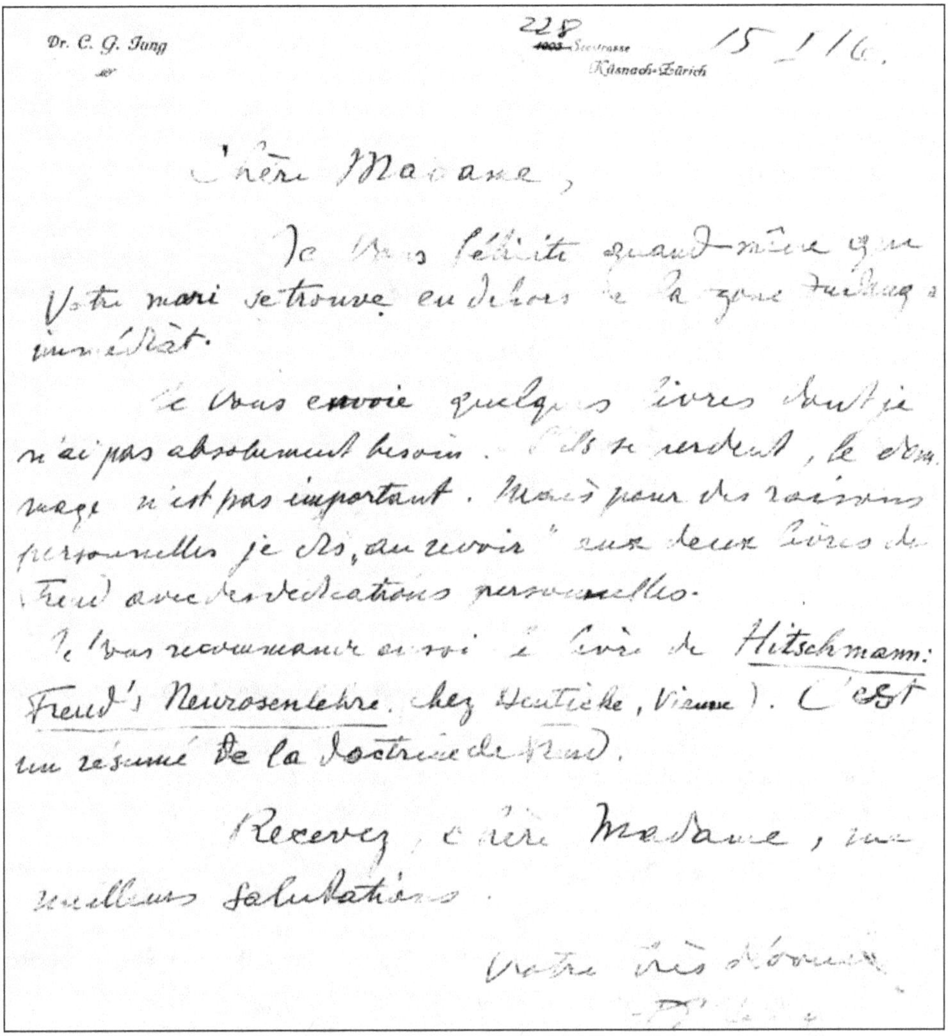

Dr. C. G. Jung
228 Seestrasse
Küsnach-Zürich
15 I 16.

Chère Madame,

Je vous félicite quand-même que Votre mari se trouve en dehors de la zone [illegible] immédiat.

Je vous envoie quelques livres dont je n'ai pas absolument besoin. S'ils se perdent, le dommage n'est pas important. Mais pour des raisons personnelles je [illegible] au revoir aux deux livres de Freud avec les dédications personnelles.

Je vous recommande aussi le livre de Hitschmann: Freud's Neurosenlehre (chez Deuticke, Vienne). C'est un résumé de la doctrine de Freud.

Recevez, chère Madame, mes meilleures salutations.

Votre très dévoué

Escrito de Jung, tomado de la lista de Grafología por Internet. Buen manejo del espacio gráfico. Predominio del movimiento, sin perder la forma y con una cierta legibilidad. Curvas y ángulos. Original. Simplificada. Ascendente, etc.

BIBLIOGRAFÍA

Álvarez González, Trápaga Ortega, *Principios de Neurociencias para psicólogos*, Barcelona, Paidós.

Allegri, Ricardo; Kremer Janus, y otros, *Enfermedad de Alzheimer y otras demencias*, Polemos.

Allende del Campo, Juan, *Apuntes de Grafopsicología*, Madrid, Asociación Grafopsicológica.

Allende del Campo, Juan, *Grafopatologías*, Buenos Aires, Lasra.

Anderson, Carol; Reiss, D., y Hogarty. G., *Esquizofrenia y familia*, Buenos Aires, Amorrortu.

Baur, Susan, *Hipocondría*, Barcelona, Gedisa.

Bateson, Gregory, *Interacción familiar*, De la Bahía.

Bertalanffy, Ludwig von, *Teoría General de los Sistemas*, México, Fondo de Cultura Económica.

Bleger, José, *Psicología de la conducta*, Buenos Aires, Paidós.

Bleichmar, Emilse, *El feminismo espontáneo de la histeria*, Adotraf.

Bleichmar Emilse, *Temores y fobias*, Buenos Aires, Paidós.

Bleichmar, Hugo, *El narcisismo*, Buenos Aires, Nueva Visión.

Bleichmar, Hugo, *Introducción al estudio de las perversiones,* Buenos Aires, Nueva Visión.

Bleichmar, Hugo, *La depresión. Un estudio psicoanalítico,* Buenos Aires, Nueva Visión.

Carpenter, Malcom, *Fundamentos de Neuroanatomía,* Buenos Aires, El Ateneo.

Cavanagh. J. R. y Mc Goldrick, J. B., *Psiquiatría fundamental,* Luis Miracle.

Cía, Alfredo, *La ansiedad y sus trastornos,* Buenos Aires, Roche.

Crépieux, Jamín, *El ABC de la Grafología,* Buenos Aires, Ariel.

Crépieux, Jamín, *La escritura y el carácter,* Daniel Jorro.

Dalfonso, Pedro, *El lenguaje del dibujo,* Buenos Aires, Kapelusz.

Dalfonso, Pedro, *La personalidad humana en los símbolos gráficos.*

Damasio, Antonio, *El error de Descartes,* Drakontos.

Damasio, Antonio, *En busca de Espinoza. Neurobiología de la emoción y el sentimiento,* Drakontos.

Dos Santos Lara, *Anatomía y Fisiología del sistema nervioso,* Buenos Aires, Troquel.

DSM-IV. Criterios diagnósticos, Barcelona, Masson.

Erikson, Erik, *Infancia y sociedad,* Buenos Aires, Hormé,

Fiorini, Héctor, *El psiquismo creador,* Buenos Aires, Nueva Visión.

Fiorini, Héctor, *Estructuras y abordajes en psicoterapia,* Buenos Aires, Mairena.

Fiorini, Héctor, *Teoría y técnica de psicoterapias,* Buenos Aires, Nueva Visión.

Foglia, Pedro, *Grafología general,* Buenos Aires, Lugar.

Foglia, Pedro, *Signos de enfermedad en la escritura,* Buenos Aires. Puma.

Freud, Sigmund, *Obras completas,* Madrid, Biblioteca Nueva.

Georges, Amado, *Fundamentos de psicopatología,* Barcelona, Gedisa.

Honrot, C. A., *Grafología emocional,* Buenos Aires, Troquel.

Hortein, Luis, *Narcisismo. Autoestima, identidad, alteridad.*

Laplanche y Pontalis, *Diccionario de psicoanálisis,* Barcelona, Labor.

Klages, Ludwig, *Escritura y carácter,* Buenos Aires, Paidós.

Klein, Melanie, *Obras completas*, Barcelona, Paidós.

Kohut, Heinz, *Análisis del Self*, Buenos Aires, Amorrortu.

Mas Colombo, Eduardo, *Clínica psicofisiopatológica*, ECUA. Buenos Aires

Marne, Patricia, *Crime and Sex in Hand Writing*, Constable.

Minuchin, Salvador, *Calidoscopio familiar*, Buenos Aires, Paidós.

Mruk, Chris, *Autoestima, investigación, teoría y práctica*, Biblioteca de Psicología.

Ortiz de Maschwitz, Elena, *El cerebro en la educación de la persona*, Buenos Aires, Bonum.

Posada, Ángel Alberto, *Grafología y Grafopatología*, Madrid, Paraninfo.

Puente Mariliz, Viñals, Carrera, *Psicodiagnóstico por la escritura*, Barcelona, Herder.

Pulver, Max, *El simbolismo de la escritura*, Victoriano Suárez

Pulver, Max, *El impulso y el crimen en la escritura*, Victoriano Suárez.

Pulver, Max, *La inteligencia en la expresión de la escritura*, Victoriano Suárez.

Rausch, Cecile y Herscovici, Luisa, *Anorexia nerviosa y bulimia*, Barcelona, Paidós.

Ramos Gascón, Carlos, *Grafología y fobia social*, EOS.

Ras, Matilde, *Grafotecnia. Grafología interpretativa*, Madrid, Paraninfo.

Ras, Matilde, *Lo que sabemos de grafopatología*, Madrid, Gregorio del Toro.

Risueño, Alicia, *Neuropsicología, cerebro, psiquismo y cognición*, ECUA.

Risueño, Alicia y Motta, Iris, *El juego en el aprendizaje de la escritura*, Buenos Aires, Bonum.

Risueño, Alicia y Motta, Iris, *Trastornos específicos del aprendizaje*, Buenos Aires, Bonum.

Sauri, Jorge y otros, *Las histerias*, Buenos Aires, Nueva Visión.

Sanchez Bernuy, Isabel, *Grafología, Prácticas de morfología*, Madrid, Paraninfo.

Sanchez Bernuy, Isabel, *Grafoselección por competencias*, Madrid, EOS.

Sanchez Berrnuy, Isabel, *Grafoterapia y grafoestima*, Madrid, EOS.

Serratrice, G. y Habib, M., *Escritura y cerebro*, Mass.

Shapiro, David, *Los estilos neuróticos,* Psique.

Silva Hernández, Claudio, *Neuro Grafología,* Buenos Aires. Lasra.

Simón, Javier, *Cómo hacer análisis grafológicos,* Barcelona, Martinez Roca.

Simón, Javier, *El gran libro de la Grafología,* Barcelona, Martinez Roca.

Tallaferro, Alberto, *Curso básico de psicoanálisis,* Barcelona, Paidós.

Teillard, Ana, *El alma y la escritura,* Madrid, Paraninfo.

Tempera de Devoto, Rita, *Familia: identidad y pertenencia,* Buenos Aires, Universidad del Salvador.

Tesouro de Grosso, Susana, *Grafología científica,* Buenos Aires, Kier.

Tomati, Graciela y Fernández, Ricardo, *La grafología como técnica proyectiva gráfica,* Buenos Aires, Bonum.

Tomati, Graciela y Fernández, Ricardo, Grafología. *A la conducta por la letra y el dibujo,* Buenos Aires, Bonum.

Tutusaus, Jaime, *Principios grafoescriturales fundamentales,* Barcelona, Asociación Grafoanalistas Consultivos.

Vallejo Nagera, J. A., *Introducción a la psiquiatría científico-médica.*

Viganó, Carlos y Grecco, Eduardo, *Psicopatología,* Buenos Aires, Bonum.

Villacís, José, *Grafología y grafopatología,* Edersa.

Vels Augusto, *Diccionario de grafología,* Barcelona, Herder.

Vels, Augusto, *Escritura y personalidad,* Barcelona, Herder.

Vels, Augusto, *Grafología de la A a la Z,* Barcelona, Herder.

Vels, Augusto, *Grafología estructural y dinámica,* Barcelona, Herder.

Vels, Augusto, *Manual de grafoanálisis,* AGC.

Vernengo Prack, Silvia, *Madurez grafológica: edades no cronológicas,* Mazola.

Vila, Gladys y Almoño, Ligia, *De la vergüenza a la autoestima,* Buenos Aires, Bonum.

Villamarín, Beatríz, *Grafoterapia y creatividad,* Buenos Aires, Lasra.

Watzlawick, Paul, *Teoría de la comunicación humana,* Barcelona, Herder.

Winnicott, D. W., *Realidad y juego,* Barcelona, Gedisa.

Wittkower, Eric y otros, *Progresos en medicina psicosomática,* Buenos Aires, EUDEBA.

Wolff, Werner, *Introducción a la psicopatología,* México, Fondo de Cultura Económica.

Xandró, Mauricio, *Grafología para todos,* Madrid, Xandró.

Xandró, Mauricio, *Grafología superior,* Barcelona, Herder.

Xandró, Mauricio, *Grafología y psicología,* Madrid, Paraninfo.

Xandró, Mauricio, *Grafopatología,* Madrid, Nuevos Trazos.

Xandró, Mauricio, *Los complejos de inferioridad en la escritura,* Madrid, Paraninfo.

Para comunicarse con el autor:

rafpsicografo@yahoo.com.ar

www.rafpsicografo.com.ar